SCRIPTORVM CLASSICORVM
BIBLIOTHECA OXONIENSIS

OXONII

E TYPOGRAPHEO CLARENDONIANO

C. VALERII CATVLLI

CARMINA

RECOGNOVIT
BREVIQVE ADNOTATIONE CRITICA INSTRVXIT

R. A. B. MYNORS

OXONII
E TYPOGRAPHEO CLARENDONIANO

Oxford University Press, Walton Street, Oxford OX2 6DP

Oxford New York Toronto
Delhi Bombay Calcutta Madras Karachi
Kuala Lumpur Singapore Hong Kong Tokyo
Nairobi Dar es Salaam Cape Town
Melbourne Auckland Madrid
and associated companies in
Berlin Ibadan

Oxford is a trade mark of Oxford University Press

Published in the United States
by Oxford University Press Inc., New York

ISBN 0–19–814604–3

13 15 17 19 20 18 16 14 12

Printed in Great Britain on acid-free paper by
Bookcraft (Bath) Ltd., Midsomer Norton

PRAEFATIO

CATVLLI carmina, quotquot supersint, exeunte demum saeculo post Christum natum tertio decimo ex obliuione in Italorum studiosorum notitiam prodiisse iam satis constat; unicum illud exemplar repperisse (quo in loco, nescimus) notarium quendam Veronensem testatur epigramma Beneuenuti de Campexanis Vicentini, quod ad libri nostri calcem lector inuenies.[1] Archetypi huius, post breue tempus (quoad scimus) deperditi, textum redintegrare nobis labor primus incumbit; quo functuri ne inter codices manu scriptos diutius haereamus (extant enim fere centum decem),[2] inuenit praedecessorum nostrorum diligentia tres saeculo quarto decimo in Italia septentrionali exaratos, qui haud minus fide quam aetate ceteris praestent.

Antiquissimus, nisi fallor, et quodam modo sincerissimus codex est Oxoniensis bibliothecae Bodleianae Canonicianus class. lat. 30 (*O*), optime scriptus ab homine uix satis docto, sedulo tamen ac modesto, et qui saepe quod non intellexisset describere mallet quam textum coniecturis sollicitare. Desunt et litterae initiales et tituli carminum, quos tamen notis indicauit addendos; addita est tantum imago pulchra auctoris. In lucem protulit anno MDCCCLXVII R. Ellis, fundamentum textus cum Parisino posuit anno MDCCCLXXIV Aemilius Baehrens.

Oxoniensi proximus, permaximi et ipse pretii, accedit

---

[1] De his rebus scripserunt inter alios R. Ellis, *Catullus in the XIVth Century* (Londini MCMV), et B. L. Ullman, *Studies in the Italian Renaissance* (Romae MCMLV), 81–115, 195–200; de Beneuenuto nuper egit R. Weiss in *Bollettino del Museo Civico di Padova* xliv (MCMLV).

[2] Codicum laterculum publici iuris fecit anno MCMVIII W. G. Hale (*Classical Philology*, iii. 233–56); de recuperando archetypi textu optime disseruit A. Morgenthaler, *De Catulli codicibus* (Argentorati MCMIX).

Parisinus bibl. nationalis lat. 14137, olim Sangermanensis
(*G*), qui (si qua fides scribae) anno MCCCLXXV exaratus est;
habet enim ad calcem post Beneuenuti uersus supra dictos:

Tu lector quicumque ad cuius manus hic libellus obuenerit scriptori
da ueniam si tibi coruptus uidebitur, quoniam a corruptissimo ex-
emplari transcripsit; non enim quodpiam aliud extabat, unde posset
libelli huius habere copiam exemplandi. Et ut ex ipso salebroso
aliquid tantum sugger⟨er⟩et, decreuit potius tamen coruptum
habere quam omnino carere, sperans adhuc ab alliquo alio fortuite
emergente hunc posse corigere. Valebis si ei imprecatus non fueris.
1375 mensis octobris 19° quando Cansignorius laborabat in extremis
etc.   Lesbia damnose bibens interpretatur.

Qui Cansignorius çum Veronae dominus fuerit, coniectari
licet in ipsa Verona ciuitate scriptum esse codicem; scripsisse
Antonium de Leniaco Cansignori ipsius cancellarium suspi-
catur uir harum rerum peritissimus̲ Ioseppus Billanouich.
Quinto decimo saeculo se possedisse testatur 'Bonifatius
Perutius prothonotarius apostolicus in Roma', cuius etiam
stemma gentilicium primae paginae extat appictum. Titulos
exhibet minio ascriptos partim in textu partim in margine,
sed haud scio an omnes eadem manu. Correctorem passus est,
a nobis *g* dictum, cuius idcirco hic exscripsimus notulas, ut
quam plenissima codicis pretiosi notitia studiosis exhibeatur;
monemus tamen diserte nullam eis esse auctoritatem. Parisino
primus usus uidetur esse anno MDCCCXXX C. I. Sillig.

Parisini frater, ut ita dicam, non multis annis natu minor
Vaticanus est Ottobonianus lat. 1829 (*R*), optime scriptus et
litteris initialibus ornatus; qui eo tamen editoris nescio cuius
manum fatetur et se Parisino minus sincerum prodit, quod et
Beneuenuti uersus a calce ad frontem libri in modum prooemii
migrare iussit et titulos omnes, morem sui temporis secutus,
e marginibus intra textum redegit. Primus aetatis nostrae
inuenit anno MDCCCXCVI W. G. Hale. Peculium fuerat

hominis litteratissimi Colucii Salutati, Florentinae r.p. can-
cellarii, qui anno MCCCCVI obiit; correxerunt plures manus,
quas hic omnes praeter recentissimas inuitus *r* appello, dum
spero quendam de Colucii eiusque amicorum studiis peritis-
simum nos tandem aliquando plenius esse docturum. Hic
codex cum Florentiae in manibus uiri doctorum amicissimi
extiterit, non mirum si apographa progenuit, ex quibus
nonnulla adhuc seruantur. Quippe a Romano originem
duxisse credo codices Florentinos bibl. Mediceae Lauren-
tianae 36. 23 (et ipsum fortasse saeculo quarto decimo
exeunti ascribendum) et 33. 12 (anno MCCCCLVII in usum
Iohannis de Medicis pulcherrime exaratum) necnon carta-
ceum Vaticanum Ottobonianum lat. 1550; a Romano cor-
recto, uel ab aliquo eius apographo deperdito, cartaceum
alterum Venetum Marcianum lat. xii. 80 (4167). Cuius hic
illic sub nota *m* mentionem feci, cum correctori codicis *G* uel
ipse uel eius consimilis praesto fuisse uideatur (sicut dispexit
Hale), ne quis nimiam iam auctoritatem eis lectionibus
tribuat, quas hucusque codici *G* imputauerunt editores, sed
re uera *Rmg* uel *rmg* uel *mg* originem habent. Sed in his
minutiis me semper recte iudicasse affirmare non ausim.[1]

Ceterum codices *G* et *R* a communi fonte (*X*) deriuatos
esse docent non tantum uersus xcii. 3, 4 in utroque praeter-
missi, quod cuiuis accidere potuit, quantum artissima inter
eos necessitudo unaquaque in pagina obuia (ita tamen ut *R* ex
G deriuari uix possit), eaedem in marginibus annotationes,
eaedem inter uersus lectiones uariae utrique ab ipso scriba
ascriptae et a communi fonte deductae. Ea enim erat codicis

---

[1] Parisini imaginem phototypicam uix satis fidam anno MDCCCXC
Parisiis edidit E. Chatelain, Marciani MDCCCXCIII C. Nigra. Scripturae
specimina e codicibus *OG* et Thuaneo annis MDCCCLXXXIV et 'XCII dedit
idem Chatelain (*Paléographie des Classiques latins*, tabulae xiv–xv a), e
codice *O* R. Ellis in editione Oxoniensi anni MDCCCLXXVIII, e cod. *R*
W. G. Hale anno 'XCVII (*American Journal of Archaeology*, series noua, i).

archetypi scriptura, ut ipsis antiquariis non unum in modum
se legendum praebuerit: scriba codicis O illud unum posuit
quod sibi legere uisus est, scriba cod. X legendi incertus inter
duas lectiones eligendam ueritatem saepius reliquit, unde
plerumque illa in GR lectionum uarietas siglo *al.* (= *aliter*)
ab ipsis scribis insignita; cuius tamen aliquam partem con-
iecturae deberi non negauerim. Quisquis igitur ad Catulli
textum stabiliendum testimonia conquirit, primum ex codi-
cibus G et R textum codicis deperditi X redintegrare debet
(id quod fere semper fieri potest); collatis deinde codd. O et
X, ad archetypum illud tanquam ascendere, quod fortasse
sexaginta ante annis inuenerat ignotus ille noster Veronensis.
Quodsi requirimus, quaenam fuerit archetypi forma et
aetas, iam demonstrauit u.d. B. L. Ullman eandem fuisse et
carminum et titulorum dispositionem, quae etiamnum in
codicibus O et G seruetur, in R editoris alicuius curis sublata
sit (aliquo modo ad calcem huius praefationis eam effingere
conatus sum); apicum formam est unde suspicemur eiusmodi
fuisse, qualis in codicibus saeculo tertio decimo in Italia
septentrionali exaratis usu fuerit. Sed quam lubrica res sit,
ipsam codicis deperditi faciem ex apographis repraesentare
uelle, quis non uidet?

Quod ad ceteros codices attinet, omnes in Italia saeculo
quinto decimo (uel sexto decimo ineunte) exaratos, ex quibus
plus quam octoginta in manibus habui, aliorum decem noti-
tiam praedecessoribus meis debeo, omnes a codicibus OGR
originem aut duxerunt aut, quod nobis idem ualet, duxisse
possunt. Vnus in tanta testium penuria succurrit Parisinus
bibl. nat. lat. 8071 (T), florilegium quod dicunt Thuaneum,
codex nono saeculo non ita sedulo scriptus, qui carmen lxii
continet; quem tamen ex eadem qua ceteri stirpe progenitum
arguit lacuna post uersum 32 obuia erroresque alii.

Permultis igitur mendis, plerumque minoribus, textum in

archetypo nostro seruatum scatuisse non mirum est, ex quibus
satis multa iam ineunte saeculo quinto decimo a correctoribus
$r(m)g$ suo marte sublata sunt. Insequitur deinde series longa
hominum doctorum, praesertim Italorum, qui ad purgandum
textum Catullianum operam nauauerunt. Ex eis quidem,
qui ante inuentam artem typographicam uixerunt, quis quid
quo anno correxerit, nondum possumus affirmare; attamen
in emendationibus ordinem quendam, ut ita dicam, dispicere
mihi uideor, quem graecis apicibus insignire commodum duxi.

α—ante annum enim MCCCCXII necesse est factae sint fere sede-
cim, quas praebet codex Bononiensis bibl. uniuersitatis 2621, qui
eo anno ab Hieronymo Donato patricio Veneto finitus postea in
manus deuenit u.d. Hermolai Barbari. Liber alioquin non magni
pretii uetustissimus est ex eis (extant numero plus minus triginta
quinque; inter uetustiores est Florentinus bibl. Med. Laur. 33.13),
in quibus uersus xliv. 21–lxii. 66 post xxiv. 2 (uel xxiv. 10, uel xxv.
13) locum inuenerunt.[1]

β—ante annum MCCCCXXIV triginta ad minus, quas suppeditat
codex insignis Parisinus bibl. nat. lat. 7989 in usum docti cuiusdam,
cuius nomen nondum innotuit, exaratus; finitus est enim Catulli
textus mense nouembri anni 'xxiii. Hic primus ex superstitibus
Tibullum et Propertium cum Catullo in unum uolumen redegit.[2]

γ—ante annum MCCCCLII uiginti fere, quas codex Antenoris
Balbi anni 'LI (in quo desunt omnia post u. lxi. 127),[3] Leidensis
Vossianus lat. oct. 59 anni 'LIII[4] cum gemello suo Oxoniensi

---

[1] Imaginem quandam typis adumbratam edidit anno MCML u.d. I. B.
Pighi. Ipse crediderim permultas emendationes ipsius Barbari manu
additas ab editione typis impressa emanasse, quam anno MCCCCLXXXI
eidem Hermolao dedicauit Iohannes Calphurnius.

[2] Ultimam Catulli paginam lucis ope depingendam curauit S. Gaselee,
Petronii codex Traguriensis (Cantabrigiae MCMXV).

[3] Huius libri copiam debuit Ellis Waltero Ashburner, nos amico qui hodie
eum possidet Iohanni Waynflete Carter, studiorum Catullianorum fautori.

[4] Vossianum hunc, qui titulum exhibet saeculo quinto decimo manu
Angli cuiusdam additum, olim in Anglia in bibliotheca regia Iacobaea sub
numero 8636 asseruatum esse me docuit Gerardus Lieftinck meus; unde

Bodleiano Canoniciano class. lat. 33, Vaticanus Palatinus lat. 910, Hamburgensis philol. L 139, Mediolanensis Ambrosianus H 46 supra.

δ—ante medium saeculum quintum decimum sublata sunt menda alia quindecim, quae iam correcta uidemus in textu Parisini bibl. nat. lat. 8234 (quem dicunt Colbertinum), quibus aliquid de suo conferunt Berolinensis Diezianus B. Sant. 36 et Mediolanensis Ambrosianus M 38 supra, necnon

ε—uiginti quinque, quae in Mediolanensi Braidensi AD. xii. 37, no. 2 anni fortasse MCCCCL; quem longo satis interuallo sequuntur gemini Brixianus bibl. Querinianae A. vii. 7 et Londinensis musei Britannici Harleianus 2574.

Illuxisse deinde studiis Catullianis diem, nisi potius aestatem quandam dicendum, nos docet messis uberrima emendationum ante annum MCCCCLXI factarum plures in codices recondi.a, qui in duas tanquam societates discedunt. Sunt autem hi:

ζ—Londinensis mus. Brit. inter additicios 11,915 anno MCCCCLX a notario Taruisino completus, Florentinus bibl. nat. Magliabechianus vii 1158, Florentinus bibl. Riccardianae 606, Berolinensis Diezianus B. Sant. 37 anni 'LXIII (hic bis terque aliquid utile ultro etiam profert), quos sequitur plerumque Londinensis inter additicios 11,674;

η—Vicentinus bibl. Bertolianae G. 2. 8. 12 Patauii transcriptus anno MCCCCLX, Oxoniensis Bodleianus Laudianus lat. 78 eiusdem anni,[1] Guelferbytanus Gudianus lat. 332, Leidensis Vossianus lat. oct. 81, una cum recentioribus Vaticano Chisiano H. iv. 121 et Veneto Marciano lat. 12. 153 (4453), Vaticano Vat. lat. 1608 anni MCCCCLXXIX et Ven. Marc. lat. 12. 86 (4170). Quantum uiris doctis illius aetatis debeamus Catulli studiosi, ex hoc liquet, quod emendationes quinquaginta fere nota ζη insigniendas inuenio, nota ζ quinquaginta, plures etiam η; spero aliquando fieri posse, ut aliquae ex eis nominatim auctoribus suis reddantur.[2]

crediderim hoc esse textus Catulliani (haud scio an et Tibulliani) exemplar, quod primum in ultimos Britannos deuenerit.

[1] Laudiani periit ultimum folium; seruatur anni mentio apud editionem Cantabrigiensem anni MDCCII, p. 494.

[2] Codices quos supra sub littera ζ nominaui (praeter Londin. addit.

θ—Post quos tanquam spicilegium minime spernendum egit uir quidam doctus (si is uere unus, ut suspicor, fuit), cuius emendationes fere quinquaginta suppeditat codex Londinensis mus. Brit. Egertonianus 3027 anno MCCCCLXVII Perusiae scriptus (Cuiacianus est Scaligeri), quocum plerumque faciunt Neapolitanus bibl. nat. iv. F. 61, Londinensis mus. Brit. Burneianus 133 et Pisaurensis bibl. Oliuerianae 1167 finitus Senis anno 'LXX.[1]

In his igitur codicibus manu scriptis eorumque similibus textum uidemus per sexaginta annos Italorum diligentia et mentis acumine defaecari. Necdum omnia sublata sunt menda, cum subito ars typographica inuenta magnum his studiis impetum addidit. Editus est enim Catullus typis impressus primum Venetiis anno MCCCCLXXII; deinde 'LXXIII Parmae cura Francisci Puteolani; circa annum 'LXXV Romae (haec editio, quam sub 'antiquissimae' nomine primus asciuit Ellis, fundamentum habet Venetam, ab imperitissimo typotheta sed non sine ingenio et alicuius codicis manu scripti adiumento interpolatam); 'LXXXI Vicentiae cura Iohannis

11,915), sicut iam secundis curis Paris. lat. 7989, in locum uersus deperditi lxv. 9 suffecerunt *Alloquar audiero numquam tua   loquentem,* quod parum prudenter amplexi sunt editores nonnulli; ita, sed *tua uerba loquentem* addit. 11,915 cum aliquot recentioribus; . . . *tua fata loquentem* η. Pro u. lxviii. 47 exhibent libri sub notis βζη supra nominati *Omnibus et triuiis uulgetur fabula passim,* quod testibus Paris. lat. 7989 et Ambros. H 46 supra 'suppleuit Seneca', teste Magliabechiano (cui minorem fidem habendam crediderim) 'Philelphus suppleuit'. Recentiores fere omnes ex eis qui lxv. 9 *uerba* proferunt, hic habent *Omnibus inque locis celebretur fama sepulti,* quod teste Paris. lat. 8232 'Petrus Odus suppleuit', sicut qua est humanitate me certiorem fecit Gilbertus Ouy. Ecce grammaticorum industriam, Thomae Senecae scilicet de Camerino et Petri Odi Montopolitani, qui Pomponii Laeti magister fuit et scripsit Vaticanum Palatinum 1652 (ipsius Laeti manu exaratus dicitur Vaticanus lat. 3269).

1 Berolinensium duorum notitiam mihi commodauit Lachmann, Hamburgensis Schwabe editionibus Berolinensibus ille anni MDCCCXXIX, hic 'LXVI; Brixiani V. Cremona, qui imaginem typis efficatam Bononiae edidit anno MCMLIV, Pisaurensis M. Zicàri in *Studiis Oliuerianis,* i (MCMLIII).

Calphurnii;[1] Brixiae 'lxxxv cum commentario Antonii Par-
thenii. Qui editores utrum a codicibus recentioribus lectiones
suas nuper emendatas mutuati sint an de suo excogitauerint,
saepe difficile est dictu, cum illa aetate mutuum, ut ita
dicam, fuerit commercium inter typis impressos codices et
manu scriptos; hoc saltem constat, scriptos nonnullos a uiris
doctis identidem adhibitos nihil utile continere, nisi quod
ab impressis compilauerint. Anno mccccxcv Venetiis pro-
deunt Hieronymi Auantii emendationes in Catullum; 'xcvi
textus una cum commentario Palladii Fusci; mdii prima
editio Aldina, accurante eodem Auantio; mdxxi textus multis
antea annis a Baptista Guarino emendatus cum expositio-
nibus filii eius Alexandri; Auantius, uir in Catullo emen-
dando indefessus, textum tertio correxit in editione hodie
rarissima, a Trincauellio typotheta circa annum mdxxxv typis
mandata, quam idem Ellis inuenit. Sequuntur Marcus
Antonius Muretus francogallus mdliv, Achilles Statius lusi-
tanus mdlxvi, Iosephus Scaliger batauus mdlxxvii, alii per-
multi.

Has editiones omnes perlustrauimus, ut quam plenissime
discamus quid a quoque et quo ordine ad corrigendum
textum Catullianum prolatum sit. Veritatem tamen omnibus
in locis me inuenisse prorsus non credo; quod potui enim
feci, non quod uolui. In adferendis codicum lectionibus meros
scribarum errores, praesertim scribae codicis O, et quisquilias
orthographicas (ex. gr. *Catulus, sinediorem, nec quicquam*
ubi scribendum erat *Catullus, cinaediorem, nequiquam*) ple-
rumque praetermisi; in expiscandis praesertim antiquioribus
uerborum formis codici archetypo, ut qui ipse recentioris
aetatis esse potest, non nimiam fidem tribui. Quod ad uersus
deprauatos attinet, qui post tot uirorum doctorum labores

---

[1] Viri de Catullo optime meriti uitam scripsit anno mcmx V. Cian
(*Archivio storico lombardo*, series quarta, xiv. 221–48).

Oedipum suum adhuc flagitant, mihi nec doctrinam neque ingenium ad eos tandem enucleandos suffecisse uix est cur moneam.

In appendice, permittentibus amicis uu.dd. E. Lobel, D. L. Page, R. Pfeiffer, textum graecum subiunxi carminum Sapphici et Callimachei, quae imitatus est noster.

Restat ut gratias ex animo agam, cum tot bibliothecarum curatoribus qui me benigne exceperunt, tum amicis I. W. Carter, C. I. Fordyce, E. Fraenkel, R. W. Hunt, R. G. C. Leuens, R. G. M. Nisbet qui consiliorum et librorum copia studiis meis opitulati sunt.

R. A. B. M.

Dabam Oxonii

e collegio Corporis Christi,

mense Maio MCMLVII

xiii

CARMINVM IN ARCHETYPO
DISCRIPTIO

CARMINVM in archetypo haec uidetur fuisse dispositio
( ] indicat extitisse titulum in contextu positum, cum littera
initiali fortasse minio picta; § paragraphum tantum primo
carminis uersui appictam, cum titulo in margine posito, sine
littera picta):

CARMINVM DISCRIPTIO

SIGLA

CATVLLI CARMINA

I

Cvi dono lepidum nouum libellum
arida modo pumice expolitum?
Corneli, tibi: namque tu solebas
meas esse aliquid putare nugas
iam tum, cum ausus es unus Italorum   5
omne aeuum tribus explicare cartis
doctis, Iuppiter, et laboriosis.
quare habe tibi quidquid hoc libelli
qualecumque; quod, ⟨o⟩ patrona uirgo,
plus uno maneat perenne saeclo.   10

II

Passer, deliciae meae puellae,
quicum ludere, quem in sinu tenere,
cui primum digitum dare appetenti

I 1 *citat Ausonius eclogarum* i. 1 (*p.* 120 *Schenkl, p.* 86 *Peiper*); 1–2
Isidorus etymologiarum vi. 12. 3; 1, 2 *et* 4 *Marius Victorinus, ars gramm.*
(*p.* 148 *Keil*), *Caesius Bassus de metris* (*p.* 261 *K.*), *Terentianus de metris*
2562–4 (*p.* 401 *K.*); *cf. Atilium Fortunatianum, ars* (*p.* 298 *K.*).   2 *Seruius
ad Vergili; aen.* xii. 587 'in pumice' autem masculino genere posuit . . .
licet Catullus dixerit feminino.   3–4 *Plinius hist. nat.* i *praef.* 1 nam-
que tu solebas nugas esse aliquid meas putare, ut obiter emolliam Catullum
conterraneum meum.

II 1 *citant Caesius Bassus* (*p.* 260 *K.*), *Atilius Fort.* (*p.* 293 *K.*), *fragmen-
tum quod Censorini dicitur de metris* (*p.* 614 *K.*).

I 2 arida *ex Seruio Itali*: arido *V*   5 tum . . . es ε: tamen . . . est *V*
8 tibi habe *V*: *corr.* η   libelli al. mei *X* (al. mei *del. r*)   9 o *add.* θ
qualecunque quidem est, patroni ut ergo *Bergk*   10 perire *O*
II 3 cui *O* (*in margine*) *r*: qui *V*   appetenti *r*: at petenti *V* (al. patenti
X, al. parenti *g*)

1

et acris solet incitare morsus,
cum desiderio meo nitenti
carum nescio quid lubet iocari, 5
et solaciolum sui doloris,
credo, ut tum grauis acquiescat ardor:
tecum ludere sicut ipsa possem
et tristis animi leuare curas! 10

IIᵇ

*   *   *

tam gratum est mihi quam ferunt puellae
pernici aureolum fuisse malum,
quod zonam soluit diu ligatam.

III

LVGETE, o Veneres Cupidinesque,
et quantum est hominum uenustiorum:
passer mortuus est meae puellae,
passer, deliciae meae puellae,
quem plus illa oculis suis amabat. 5
nam mellitus erat suamque norat
ipsam tam bene quam puella matrem,
nec sese a gremio illius mouebat,
sed circumsiliens modo huc modo illuc

IIᵇ 3 *citat Priscianus, inst.* i. 22 quod z. s. d. ligatam; *cf. Carmina epigraphica* 1504. 49 *(Buecheler)* zonulam ut soluas diu ligatam.

6 karum *V*   libet *V* (al. iubet *O*)   7 et *V*: ut *B. Guarinus*
8 tum . . . acquiescat *B. Guarinus*: cum . . . acquiescet *V* (*locus nondum expeditus*)   9 tecum al. secum *O*   ludere al. luderem *G* (luderem *fortasse O1*)   posse *Vossius* (*deinde* curas,)
   IIᵇ *Ad* ii. 10: '*Post hoc carmen in codice antiquissimo et manu scripto ingens sequitur fragmentum*' *A. Guarinus*   3 ligatam (*in margine* 'erat negatam') *r*, ligatam al. negatam *m*, al. ligatam *add. g*: negatam *V*
   III 9 circum siliens *rg*: circum silens *V* (al. siliens *O*)   illuc *O*, illuc mouebat *X* (*corr. rg*)

ad solam dominam usque pipiabat;　　　　　　10
qui nunc it per iter tenebricosum
illud, unde negant redire quemquam.
at uobis male sit, malae tenebrae
Orci, quae omnia bella deuoratis:
tam bellum mihi passerem abstulistis.　　　　15
o factum male! o miselle passer!
tua nunc opera meae puellae
flendo turgiduli rubent ocelli.

IV

PHASELVS ille, quem uidetis, hospites,
ait fuisse nauium celerrimus,
neque ullius natantis impetum trabis
nequisse praeterire, siue palmulis
opus foret uolare siue linteo.　　　　　　　5
et hoc negat minacis Hadriatici
negare litus insulasue Cycladas
Rhodumque nobilem horridamque Thraciam

III 12 *citat Seneca, ludus de morte Claudii* 11. 6; *cf. Carm. epigr.* 1504. 11.
16 *Cf. Carm. epigr.* 1512. 4 o factum male, Myia, quod peristi.

IV *imitatur auctor carminis Vergiliani catalepton* x. 　　1 *citant Marius*
Victorinus, ars gramm. (*p.* 134 *K. et alibi*), *Terentianus de metris* 2277
(*p.* 393 *K.*), '*Censorini*' *de metris* (*p.* 612 *K.*). 　　25–26 *Priscianus, inst.* ix.
49; 25–27 *Charisius, ars gramm.* (*p.* 252 *K.*) *et Diomedes, ars gramm.*
(*p.* 344 *K.*).

10 pipiabat *codd. Harl. et Brix. in margine* (*idem Vossius*), pipilabat ζη:
piplabat *V* 　　11 tenebricosum *Parth.*: tenebrosum *V* 　　12 illud *V*
(*al.* illuc *O*) 　　14 Orci quae *r*: orcique *V.* (*al.* quae *G*) 　　bella, *supra*
scripto id est pulcra *OG*(*V?*) 　　16 o (*r⁰*) *r*: bonum *V* 　　o miselle
1473. bonus ille *V* (bellus ille *r*)

IV 2 ait *Calph.*: aiunt *V* 　　celerrimus *Parth.*: celer(r)imum *V* 　　3
ullius *Calph.*: illius *V* 　　trabis *Auantius* (trabis *ante* impetum *iam Calph.*):
tardis *V* 　　4 nequisse θ: neque esse *V* 　　4–5 siue ... siue *r*: sine
... sine *V* 　　6 negant *r* 　　minacis *r*: mina ei *V* 　　8 traciam *r*:
tractam *V*

Propontida trucemue Ponticum sinum,
ubi iste post phaselus antea fuit   10
comata silua; nam Cytorio in iugo
loquente saepe sibilum edidit coma.
Amastri Pontica et Cytore buxifer,
tibi haec fuisse et esse cognitissima
ait phaselus: ultima ex origine   15
tuo stetisse dicit in cacumine,
tuo imbuisse palmulas in aequore,
et inde tot per impotentia freta
erum tulisse, laeua siue dextera
uocaret aura, siue utrumque Iuppiter   20
simul secundus incidisset in pedem;
neque ulla uota litoralibus deis
sibi esse facta, cum ueniret a mari
nouissimo hunc ad usque limpidum lacum.
sed haec prius fuere: nunc recondita   25
senet quiete seque dedicat tibi,
gemelle Castor et gemelle Castoris.

V

VIVAMVS, mea Lesbia, atque amemus,
rumoresque senum seueriorum
omnes unius aestimemus assis!
soles occidere et redire possunt:
nobis cum semel occidit breuis lux,   5
nox est perpetua una dormienda.

11 cytorio η, citherio r: citeorio V (citeono O) 13 cytore η,
cithori r: citheri V 14 cognotissima V 17 tuas X 20 uocare
cura V: corr. r 23 a mari r (-rei Lachmann): amaret V 24 nouis-
simo ζη: -ime V 25 hoc X (corr. r) 27 castor r: castrum O,
castrum al. castorum X
 V 3 estinemus O, extimemus X

da mi basia mille, deinde centum,
dein mille altera, dein secunda centum,
deinde usque altera mille, deinde centum.
dein, cum milia multa fecerimus,   10
conturbabimus illa, ne sciamus,
aut ne quis malus inuidere possit,
cum tantum sciat esse basiorum.

VI

FLAVI, delicias tuas Catullo,
ni sint illepidae atque inelegantes,
uelles dicere nec tacere posses.
uerum nescio quid febriculosi
scorti diligis: hoc pudet fateri.   5
nam te non uiduas iacere noctes
nequiquam tacitum cubile clamat
sertis ac Syrio fragrans oliuo,
puluinusque peraeque et hic et ille
attritus, tremulique quassa lecti   10
argutatio inambulatioque.
†nam inista preualet† nihil tacere.
cur? non tam latera ecfututa pandas,
ni tu quid facias ineptiarum.
quare, quidquid habes boni malique,   15

8 dein mille *Aldina*, deinde mi *rmg*: deinde mille *V*   dein *Aldina*,
da *rmg*: deinde *V*   10 dein η: deinde *V*   11 conturbauimus *V*:
corr. θ   13 tantum *r*: tantus *V*

VI 2 ni θ (nei *Lachmann*): ne *V*   8 ac syrio *Auantius*, et syrio
Aldina: asirio *V*   fragrans *et* fraglans *Itali*: flagrans *V*   9 et h(a)ec
et illo *V* (al. hic ... al. ille *X*)   12 inista (ni ista *X*) preualet *V*: mi
praeualet ista (*deinde* nil) *Aldina*, nil ista ualet *Lachmann*, nil stupra ualet
post Scaligerum Haupt, mi ista ipse ualet *post Bernardum Schmidt Baehrens*
13 ecfututa *Lachmann* (exf- *iam 1472*): et futura *V*   pandas ζη: panda *V*
14 ni *A. Guarinus* (nei *Marcilius*): nec *V*   15 boni *X*, bonique *O*

dic nobis. uolo te ac tuos amores
ad caelum lepido uocare uersu.

VII

QVAERIS, quot mihi basiationes
tuae, Lesbia, sint satis superque.
quam magnus numerus Libyssae harenae
lasarpiciferis iacet Cyrenis
oraclum Iouis inter aestuosi   5
et Batti ueteris sacrum sepulcrum;
aut quam sidera multa, cum tacet nox,
furtiuos hominum uident amores:
tam te basia multa basiare
uesano satis et super Catullo est,   10
quae nec pernumerare curiosi
possint nec mala fascinare lingua.

VIII

MISER Catulle, desinas ineptire,
et quod uides perisse perditum ducas.
fulsere quondam candidi tibi soles,
cum uentitabas quo puella ducebat
amata nobis quantum amabitur nulla.   5
ibi illa multa cum iocosa fiebant,
quae tu uolebas nec puella nolebat,
fulsere uere candidi tibi soles.
nunc iam illa non uolt: tu quoque inpote⟨ns noli⟩,

17 uersu *rmg*: uersum *V*

VII 1 quor α: quod *V*   4 lasarpici feris al. fretis *X*, lasarpici fecis
O   tyrenis *O*, tyrrenis *ut uidetur GI*, tyrenis al. cyrenis *Rmg*   5
oradum *V*: *corr. r*   6 batti *ed. Rom.*: beati *O*, beati al. beari
X   9 basia] basiei *O*, basiei al. basia *X*

VIII 4 quo *rmg*: quod *V*   6 cum *V*: tum *Rmg*   9 impotens
r: inpote *V* (imp- *X*)   noli *om. V*: *add. Auantius*

nec quae fugit sectare, nec miser uiue,   10
sed obstinata mente perfer, obdura.
uale, puella. iam Catullus obdurat,
nec te requiret nec rogabit inuitam.
at tu dolebis, cum rogaberis nulla.
scelesta, uae te, quae tibi manet uita?   15
quis nunc te adibit? cui uideberis bella?
quem nunc amabis? cuius esse diceris?
quem basiabis? cui labella mordebis?
at tu, Catulle, destinatus obdura.

IX

VERANI, omnibus e meis amicis
antistans mihi milibus trecentis,
uenistine domum ad tuos penates
fratresque unanimos anumque matrem?
uenisti. o mihi nuntii beati!   5
uisam te incolumem audiamque Hiberum
narrantem loca, facta, nationes,
ut mos est tuus, applicansque collum
iucundum os oculosque suauiabor.
o quantum est hominum beatiorum,   10
quid me laetius est beatiusue?

X

VARVS me meus ad suos amores
uisum duxerat e foro otiosum,
scortillum, ut mihi tum repente uisum est,

15 uae *B. Venator*: ne *V*   18 cui *X*, cum *O*
IX 1 uerani ζ: ueranni *V*   e *om. O*   2 antistans *Auantius*:
antistas *V* (antistes *r*)   4 unanimos η: uno animo *V*   anumque
Faernus: sanamque *O*, suamque *al.* sanam *X*   9 suabior *V*: *corr.* ζη
X 1 uar(r)us γ: uarius *V*   mens *OGI*   3 tum *Gr*: tunc *V*

non sane illepidum neque inuenustum.
huc ut uenimus, incidere nobis   5
sermones uarii, in quibus, qvid esset
iam Bithynia, quo modo se haberet,
et quonam mihi profuisset aere.

respondi id quod erat, nihil neque ipsis
nec praetoribus esse nec cohorti,   10
cur quisquam caput unctius referret,
praesertim quibus esset irrumator
praetor, nec faceret pili cohortcm.

'at certe tamen,' inquiunt 'quod illic
natum dicitur esse, comparasti   15
ad lecticam homines.' ego, ut puellae
unum me facerem beatiorem,
'non' inquam 'mihi tam fuit maligne,
ut, prouincia quod mala incidisset,
non possem octo homines parare rectos.'   20
at mi nullus erat nec hic neque illic,
fractum qui ueteris pedem grabati
in collo sibi collocare posset.

hic illa, ut decuit cinaediorem,
'quaeso', inquit 'mihi, mi Catulle, paulum   25
istos commoda: nam uolo ad Serapim
deferri.' 'mane,' inquii puellae,
'istud quod modo dixeram me habere,

---

7 se *r*: posse *V*   8 et quoniam *O*, et quoniam al. quonam *X*: ecquo-
nam *Statius, fortasse recte* (*cf.* xxviii. 6)   aere ζ: here *V*   9 neque
ipsis *1472*, nec ipsis ζη: neque nec in ipsis *V* (al. neque ipsis nec *G*, al.
neque ipsis *R*), neque in ipsis *mg*   10 nec (*1°*) *om. R* (al. nec *in
margine*): nunc *Westphal*   11 referet *R*   13 nec *O*, non al. nec *X*
facerent *r*   16 leticam hominis *V*   22 fractum qui *r*: fractum-
que *V*   24 decuit θ: docuit *V*   26 com(m)oda *X*, comodam *O*
sarapim al. -e- (*i.e.* serapim) *G*   27 deserti *O*, deserti al. deferri *X*
inquii *Scaliger*: me inquit *V*

fugit me ratio: meus sodalis—
Cinna est Gaius,—is sibi parauit.   30
uerum, utrum illius an mei, quid ad me?
utor tam bene quam mihi pararim.
sed tu insulsa male et molesta uiuis,
per quam non licet esse neglegentem.'

XI

Fvri et Aureli, comites Catulli,
siue in extremos penetrabit Indos,
litus ut longe resonante Eoa
     tunditur unda,
siue in Hyrcanos Arabasue molles,   5
seu Sagas sagittiferosue Parthos,
siue quae septemgeminus colorat
     aequora Nilus,
siue trans altas gradietur Alpes,
Caesaris uisens monimenta magni,   10
Gallicum Rhenum horribile aequor ulti-
     mosque Britannos,
omnia haec, quaecumque feret uoluntas
caelitum, temptare simul parati,
pauca nuntiate meae puellae   15
     non bona dicta.
cum suis uiuat ualeatque moechis,
quos simul complexa tenet trecentos,

---

30 cinna est caius *1473*: cuma est grauis *V*   31 ad *r*: a *V*
33 tu insulsa *r*: tulsa *O*, tu insula *X*
   XI 2 penetrauit *V*: *corr. 1473*   3 ut] ubi *r*   resonans *Statius*
eoa *X*, coa *O*   5 arabaesque *G*, -esque *R*   6 seu *θ*: siue *V*
sagas *α*, sacas *1472*: sagax *V*   7 quae *V*: qua *η*   8 equora *X*,
epra *O*   9 siue *X*, sui *O*   11 horribile aequor *Haupt*: horribilesque
V (-que *del. r*)   11/12 ulti/mosque *rmg*: /ultimosque *V*   13 feret
η: fere *V*

nullum amans uere, sed identidem omnium
   ilia rumpens;   20
nec meum respectet, ut ante, amorem,
qui illius culpa cecidit uelut prati
ultimi flos, praetereunte postquam
   tactus aratro est.

XII

Marrvcine Asini, manu sinistra
non belle uteris: in ioco atque uino
tollis lintea neglegentiorum.
hoc salsum esse putas? fugit te, inepte:
quamuis sordida res et inuenusta est.   5
non credis mihi? crede Pollioni
fratri, qui tua furta uel talento
mutari uelit: est enim leporum
differtus puer ac facetiarum.
quare aut hendecasyllabos trecentos   10
exspecta, aut mihi linteum remitte,
quod me non mouet aestimatione,
uerum est mnemosynum mei sodalis.
nam sudaria Saetaba ex Hiberis
miserunt mihi muneri Fabullus   15
et Veranius: haec amem necesse est
ut Veraniolum meum et Fabullum.

22 qui ζη: cui *V*

XII 1 matrucine *V*: *corr. Parth*   2 uteris:] *ita distinxit X, tacet*
O   ioco al. loco *X*, loco *O*   4 salsum al. falsum *G*, falsum al. sal-
sum *OR* (*cf.* xiv. 16, xxx. 1)   7 frater *O*   8 uoluit *O*   9 differtus
Passerat: dissertus *O*, disertus *X*   13 est mnemosinon *Calph.*: est
nemo sinum *X*, nemo est sinum *O*   14 settaba *O*, sethaba *X*   ex
hiberis *1472* (-eis *Lachmann*): exhibere *V*   15 numeri *O*, numeri al.
muneri *X*   16 hec al. hoc *R*   amem δ: ameni *V* (almeni *R1*)
17 ut θ: et *V*

XIII

CENABIS bene, mi Fabulle, apud me
paucis, si tibi di fauent, diebus,
si tecum attuleris bonam atque magnam
cenam, non sine candida puella
et uino et sale et omnibus cachinnis.   5
haec si, inquam, attuleris, uenuste noster,
cenabis bene; nam tui Catulli
plenus sacculus est aranearum.
sed contra accipies meros amores
seu quid suauius elegantiusue est: 10
nam unguentum dabo, quod meae puellae
donarunt Veneres Cupidinesque,
quod tu cum olfacies, deos rogabis,
totum ut te faciant, Fabulle, nasum.

XIV

NI te plus oculis meis amarem,
iucundissime Calue, munere isto
odissem te odio Vatiniano:
nam quid feci ego quidue sum locutus,
cur me tot male perderes poetis?   5
isti di mala multa dent clienti,
qui tantum tibi misit impiorum.
quod si, ut suspicor, hoc nouum ac repertum
munus dat tibi Sulla litterator,

XIV 9 *Martianus Capella* iii. 229 hoc etiam Catullus quidam, non
insuauis poeta, commemorat dicens 'munus dat tibi Sylla litterator'.

XIII 6 inquam δ: unquam *V*   8 saculus *V*   9 meros *X*, meos
O   10 quid γ: qui *O*, qui al. quod *X*
XIV 1 ni δ (nei *Lachmann*): ne *V*   5 male *1472*: malis *V*   6
dent ζη: dant *V*   9 sulla δ: si illa *V*

non est mi male, sed bene ac beate,   10
quod non dispereunt tui labores.
di magni, horribilem et sacrum libellum!
quem tu scilicet ad tuum Catullum
misti, continuo ut die periret,
Saturnalibus, optimo dierum!   15
non non hoc tibi, false, sic abibit.
nam, si luxerit, ad librariorum
curram scrinia, Cacsios, Aquinos,
Suffenum, omnia colligam uenena,
ac te his suppliciis remunerabor.   20
uos hinc interea ualete abite
illuc, unde malum pedem attulistis,
saecli incommoda, pessimi poetae.

XIV^b

Si qui forte mearum ineptiarum
lectores eritis manusque uestras
non horrebitis admouere nobis,

*   *   *

XV

Commendo tibi me ac meos amores,
Aureli. ueniam peto pudentem,
ut, si quicquam animo tuo cupisti,
quod castum expeteres et integellum,

15 *Macrobius, sat.* ii. 1. 8 'Sat. opt. dierum', ut ait Veronensis poeta.

10 mi η: mi(c)hi *V*   14 misti η: misisti *V*   15 opimo al.
optimo *X*, oppinio *O*   16 hoc γδ: hec *V*   false *OR*, salse al. false *G*
sic γδ: fit *OG*, sit *Rmg*   abibit *rmg*: adhibit *O*, adbibit *X*   17
luserit al.-x- *G*   18 curram δ: curam *O*, cur tam *X*   scrinea
Rmg   19 suphenum *1472*: suffenam *V*   20 ac α: hac *V*   tibi
hiis supplitus *O*   23 secli η: seculi *V*

XIV^b *a praecedentibus seiunxerunt B. Guarinus et Auantius. 'In codice
antiquo non leguntur bic' nescio quis in cod. Parisino lat.* 8458 *saec. xv
exeuntis; similiter Romanus Corsinianus 43. D. 20*

conserues puerum mihi pudice,   5
non dico a populo—nihil ueremur
istos, qui in platea modo huc modo illuc
in re praetereunt sua occupati,—
uerum a te metuo tuoque pene
infesto pueris bonis malisque.   10
quem tu qua lubet, ut lubet, moueto
quantum uis, ubi erit foris paratum:
hunc unum excipio, ut puto, pudenter.
quod si te mala mens furorque uecors
in tantam impulerit, sceleste, culpam,   15
ut nostrum insidiis caput lacessas,
a tum te miserum malique fati!
quem attractis pedibus patente porta
percurrent raphanique mugilesque.

XVI

Pedicabo ego uos et irrumabo,
Aureli pathice et cinaede Furi,
qui me ex uersiculis meis putastis,
quod sunt molliculi, parum pudicum.
nam castum esse decet pium poetam   5
ipsum, uersiculos nihil necesse est;
qui tum denique habent salem ac leporem,
si sunt molliculi ac parum pudici,

XVI 5–8 *citat Plinius, epist.* iv. 14. 5; 5–6 *Apuleius, apologia* 11.

XV 10 bonis *η*: bonisque *V* (*cf.* vi. 15)   11 ut libet *1472*: ut al.
iubet *O*, ut iubet *G*, *om. R* (al. ut iubet *in margine*)   13 pudenter *O*,
prudenter *G* (al. pudenter *add. g*), pudenter al. prudenter *Rm*   16
nostrum *G*: nostrorum *V*   17 a] ha *O*, ah *X*   tum] tamen *O*,
tamen al. tum *X*
XVI 1 *et* 14 pedicabo *β*: dedicabo *V*   3 me *rmg*: mi *V*   7 tum]
tamen *O*, tamen al. tum *X*: tunc *Plinius*   ac *V*: et *Plinius*   8 sunt
Plinius: sint *V*   ac *V*: et *Plinius*

et quod pruriat incitare possunt,
non dico pueris, sed his pilosis   10
qui duros nequeunt mouere lumbos.
uos, quod milia multa basiorum
legistis, male me marem putatis?
pedicabo ego uos et irrumabo.

XVII

O COLONIA, quae cupis ponte ludere longo,
et salire paratum habes, sed uereris inepta
crura ponticuli axulis stantis in rediuiuis,
ne supinus eat cauaque in palude recumbat:
sic tibi bonus ex tua pons libidine fiat,   5
in quo uel Salisubsali sacra suscipiantur,
munus hoc mihi maximi da, Colonia, risus.
quendam municipem meum de tuo uolo ponte
ire praecipitem in lutum per caputque pedesque,
uerum totius ut lacus putidaeque paludis   10
liuidissima maximeque est profunda uorago.
insulsissimus est homo, nec sapit pueri instar
bimuli tremula patris dormientis in ulna.
cui cum sit uiridissimo nupta flore puella
et puella tenellulo delicatior haedo,   15
adseruanda nigerrimis diligentius uuis,
ludere hanc sinit ut lubet, nec pili facit uni,
nec se subleuat ex sua parte, sed uelut alnus

---

12 uos quod] hosque *O*, uosque *G*, uosque al. hos al. quod *R*: uos qui δ
XVII 1 o culonia que δ (colonia quae θ): oculo in aque *V*   ludere
ed. Rom. (loedere *Scaliger*): ledere *V*   3 axulis *Hand* (acsuleis *Ellis*),
assulis *Statius*: ac sulcis *V*   stantis *Vossius*: tantis *V*   6 suscipiant
V: *corr. Auantius*   10 putidaeque θ: pudiceque *V*   paludis η:
paludes *V*   14 cui cum *Pall.* (quoi cum *Scaliger*, quoi *iam* θ): cui
iocum *V*   15 et δ: ut *V*   edo *V*   17 uni al. uim *R*   18 se
1472: me *V*

in fossa Liguri iacet suppernata securi,
tantundem omnia sentiens quam si nulla sit usquam;   20
talis iste meus stupor nil uidet, nihil audit,
ipse qui sit, utrum sit an non sit, id quoque nescit.
nunc eum uolo de tuo ponte mittere pronum,
si pote stolidum repente excitare ueternum,
et supinum animum in graui derelinquere caeno,   25
ferream ut soleam tenaci in uoragine mula.

XXI

A v r e l i, pater esuritionum,
non harum modo, sed quot aut fuerunt
aut sunt aut aliis erunt in annis,
pedicare cupis meos amores.
nec clam: nam simul es, iocaris una,   5
haerens ad latus omnia experiris.
frustra: nam insidias mihi instruentem
tangam te prior irrumatione.
atque id si faceres satur, tacerem:
nunc ipsum id doleo, quod esurire   10

XVII 19 *citat sub uoce 'suppernati' Festus p.* 396 *L.*

XVIII–XX: *Huc intrusit Muretus anno* MDLIV *carmina tria,* 'Hunc lucum' (*fragmentum* i) *et* 'Hunc ego', 'Ego haec' *quae libro Catalepton Vergiliano praefigi solent, inter Priapeia* lxxxvi *et* lxxxv *numerantur; exulare iussit Lachmann anno* MDCCCXXIX.

---

19 superata *V*: *corr. Statius*   21 meus *V*: merus *Passerat* (*fortasse recte, cf.* xiii. 9)   nil] nichil *V*   22 qui *V*: quid *mg*
23 nunc cum *X* (al. hunc eum *R*), nunc uolo *O*   24 potest olidum *V*: *corr. Victorius*   excitare ζη: exitare *V*   25 delinquere *X*
26 mulla *X*

XXI 1 exuricionum *V*   4 dedicare *V*: *corr.* δ   5 es iocaris *cod. Berol. anni* mccccxiii: exiocaris *V*   6 haeres *Muretus*   experiris *ed. Rom.*: experibis *V* (-bus *al.* -bis *G*)   8 irruminatione *V*: *corr.* ζη
9 id si δ: ipsi *V*   10 esuriere *O1*, exurire *X*

me me† puer et sitire discet.
quare desine, dum licet pudico,
ne finem facias, sed irrumatus.

XXII

SVFFENVS iste, Vare, quem probe nosti,
homo est uenustus et dicax et urbanus,
idemque longe plurimos facit uersus.
puto esse ego illi milia aut decem aut plura
perscripta, nec sic ut fit in palimpseston   5
relata: cartae regiae, noui libri,
noui umbilici, lora rubra membranae,
derecta plumbo et pumice omnia aequata.
haec cum legas tu, bellus ille et urbanus
Suffenus unus caprimulgus aut fossor   10
rursus uidetur: tantum abhorret ac mutat.
hoc quid putemus esse? qui modo scurra
aut si quid hac re scitius uidebatur,
idem infaceto est infacetior rure,
simul poemata attigit, neque idem umquam   15
aeque est beatus ac poema cum scribit:
tam gaudet in se tamque se ipse miratur.
nimirum idem omnes fallimur, neque est quisquam
quem non in aliqua re uidere Suffenum

11 me me *V*: meus iam *1473*, meus mi *B. Venator* (mei *Schwabe*)
12 desinat *V*: corr. θ   13 ne *1472* (nei *Baehrens*): nec *V*   irru-
minatus sum *V*: corr. η̄

XXII 3 idemque al. itemque *G*   5 sic δ: sit *V*   palimpsesto *1473*
(-ton *Marcilius*): palmisepto *V*   6 noui *1473* (nouei *Lachmann*),
nouem β: noue *V*   7 membrane *V*: membrana *Auantius*   8 de-
recta *Statius*: detecta *V*   13 scitius *L. Mueller*, tritius *Pontanus*,
tersius *Peiper*: tristius *V*   14 infacetior θ: infaceto *V*   15 neque
X, uel neque nec *O* (cf. xxiii. 2)   16 ac β: ha *V*   17 tamquam
V: corr. r   18 neque *X₁* nec *O*

possis. suus cuique attributus est error;   20
sed non uidemus manticae quod in tergo est.

XXIII

FVRI, cui neque seruus est neque arca
nec cimex neque araneus neque ignis,
uerum est et pater et nouerca, quorum
dentes uel silicem comesse possunt,
est pulcre tibi cum tuo parente   5
et cum coniuge lignea parentis.
nec mirum: bene nam ualetis omnes,
pulcre concoquitis, nihil timetis,
non incendia, non graues ruinas,
non facta impia, non dolos ueneni,   10
non casus alios periculorum.
atqui corpora sicciora cornu
aut siquid magis aridum est habetis
sole et frigore et esuritione.
quare non tibi sit bene ac beate?   15
a te sudor abest, abest saliua,
mucusque et mala pituita nasi.
hanc ad munditiem adde mundiorem,
quod culus tibi purior salillo est,
nec toto decies cacas in anno;   20
atque id durius est faba et lapillis,

XXII 21 *citat Porphyrion ad Horati serm.* ii. 3. 299.

XXIII 1 Furei V seruo O, seruo al. seruus X (*post est Rr*)   2
neque (r^o)] al. neque O, animal neque X (*habuitne* nec al. neque V?)
7 nec G (ni g), ne O, ne al. nec R 9 ruinas G, minas OR 10
facta V: fata g, furta *Haupt* (*cf.* lxviii. 140)   12 atqui η: aut qui
V 13 aridum magis V: *corr. 1472*   15 sit O, si X 16 abest
alterum om. O 17 muc(c)usque $\zeta\eta$: muccusue V 19 cuius V:
cuius al. culus R, culus al. cuius mg 21 lupillis *Gulielmius*

quod tu si manibus teras fricesque,
non umquam digitum inquinare posses.
haec tu commoda tam beata, Furi,
noli spernere nec putare parui,   25
et sestertia quae soles precari
centum desine: nam sat es beatus.

XXIV

O ǫᴠɪ flosculus es Iuuentiorum,
non horum modo, sed quot aut fuerunt
aut posthac aliis erunt in annis,
mallem diuitias Midae dedisses
isti, cui neque seruus est neque arca,   5
quam sic te sineres ab illo amari.
'qui? non est homo bellus?' inquies. est:
sed bello huic neque seruus est neque arca.
hoc tu quam lubet abice eleuaque:
nec seruum tamen ille habet neque arcam.   10

XXV

Cɪɴᴀᴇᴅᴇ Thalle, mollior cuniculi capillo
uel anseris medullula uel imula oricilla
uel pene languido senis situque araneoso,
idemque, Thalle, turbida rapacior procella,

---

24 tu η: tua V   27 sat es beatus Calph., satis beatu's Bergk: satis beatus V

XXIV 1 es η: est V   2 quot β: quod V   4 Midae dedisses Vossius: mi dededisses O, mi dedisses X   5 qui V (qui al. cui Rmg) neque (1º)] nec O, neque G (al. nec add. g), nec al. neque Rm   neque (2º)] nec al. neque R   7 qui X, quid O   9 hec G   quam O, qua G, quam al. qua R

XXV 1 et 4 talle V   2 medulla X   oricilla Scaliger: moricula O, moricilla G, moricula al. moricilla R   3 anracoroso O, arancoroso X (al. araneoso add. Rmg)

cum diua †mulier aries† ostendit oscitantes, 5
remitte pallium mihi meum, quod inuolasti,
sudariumque Saetabum catagraphosque Thynos,
inepte, quae palam soles habere tamquam auita.
·quae nunc tuis ab unguibus reglutina et remitte,
ne laneum latusculum manusque mollicellas 10
inusta turpiter tibi flagella conscribillent,
et insolenter aestues, uelut minuta magno
deprensa nauis in mari, uesaniente uento.

XXVI

Fvri, uillula uestra non ad Austri
flatus opposita est neque ad Fauoni
nec saeui Boreae aut Apheliotae, •
uerum ad milia quindecim et ducentos.
o uentum horribilem atque pestilentem! 5

XXVII

Minister uetuli puer Falerni
inger mi calices amariores,
ut lex Postumiae iubet magistrae
ebrioso acino ebriosioris.

XXVII 1–4 *Aulus Gellius* vi. 20. 6 (*ut correxit Haupt*) Catullus quoque elegantissimus poetarum in hisce uersibus 'Minister . . . magistrae / ebria acina (ebriose ac in *codd.*) ebriosioris', cum dicere 'ebrio' (ebriosi *codd.*)

---

5 diua] luna *Heyse* mulier aries *O*, mulier alios al. aues uel aries *G*, mulier aues al. aries uel alios *R*: munerarios *Lachmann*, mulierarios *Haupt* ostendit *Rmg*: ostendet *V* 7 sathabum *O*, saethabum *G*, sathabum al. sethabum *R* cathagraphosque thinos *V* 11 inusta *Calph.*: insula *V* conscribilent *V* 12 minuta ε: inimica *V* 13 deprehensa *X*
XXVI 1 uestra *O*, nostra *X* 2 uersum om. *O* fauonii *X*
XXVII 2 inger *Parth. ex Gellio*: ingere *V* 4 ebriose (-sae *1473*, -so *agnoscit Gellius*) acino *V*: ebria acina *Haupt*, ebriosa acina *Parth.*

at uos quo lubet hinc abite, lymphae,   5
uini pernicies, et ad seueros
migrate. hic merus est Thyonianus.

XXVIII

Pisonis comites, cohors inanis,
aptis sarcinulis et expeditis,
Verani optime tuque mi Fabulle,
quid rerum geritis? satisne cum isto
uappa frigoraque et famem tulistis?   5
ecquidnam in tabulis patet lucelli
expensum, ut mihi, qui meum secutus
praetorem refero datum lucello?
o Memmi, bene me ac diu supinum
tota ista trabe lentus irrumasti.   10
sed, quantum uideo, pari fuistis
casu: nam nihilo minore uerpa
farti estis. pete nobiles amicos!
at uobis mala multa di deaeque
dent, opprobria Romuli Remique.   15

posset, quod erat usitatius acinum in neutro genere appellare, amans tamen.
hiatus illius Homerici suauitatem 'ebriam' (ebriosam *codd.*) dixit propter
insequentis 'a' litterae concentum. qui 'ebriosa' (ebrios *codd.*) autem
Catullum dixisse putant aut 'ebrioso' (ebriosos *codd.*)—nam id quoque
temere scriptum inuenitur—in libros scilicet de corruptis exemplaribus
factos inciderunt.

---

5 at *X*, ad *O* quod iubet *V*: *corr.* θ
 XXVIII 4 satisue *O* 6 et quid nam *V* 6–8 *locus suspectus*
9 o memi *1473*: omne mi *O*, omnem mi *X* (omẽ mi *V*) 10 trabe *r*:
trahe *V* tentus *Vossius* 11 pari *O*, parum al. pari *X* fuisti *V*:
corr. r 12 urpa *O*, uerba *G*, uerba al. uerpa uel urpa *R* 14 nobis
V (nobis al. uobis *R*): uobis al. nobis *mg* 15 romule *O*, romulei *X*

XXIX

Qvis hoc potest uidere, quis potest pati,
nisi impudicus et uorax et aleo,
Mamurram habere quod Comata Gallia
habebat uncti et ultima Britannia?
cinaede Romule, haec uidebis et feres?   5
et ille nunc superbus et superfluens
perambulabit omnium cubilia,
ut albulus columbus aut Adoneus?
cinaede Romule, haec uidebis et feres?
es impudicus et uorax et aleo.   10
eone nomine, imperator unice,
fuisti in ultima occidentis insula,
ut ista uestra diffututa mentula
ducenties comesset aut trecenties?
quid est alid sinistra liberalitas?   15
parum expatrauit an parum elluatus est?
paterna prima lancinata sunt bona,
secunda praeda Pontica, inde tertia
Hibera, quam scit amnis aurifer Tagus:
nunc Galliae timetur et Britanniae.   20
quid hunc malum fouetis? aut quid hic potest

XXIX 1–2 *citat Quintilianus, inst. orat.* ix. 4. 141; *cf. Suetonium, Diuus Iulius* 73.   3 *Plinius, hist. nat.* xxxvi. 48 Hic namque est Mamurra Catulli Veroniensis carminibus proscissus, quem . . . domus ipsius clarius quam Catullus dixit habere quidquid habuisset Comata Gallia.

XXIX 3 mamurram *θ*: nam murram *V*   4 uncti *Faernus*, ante
Statius: cum te *V*   7 perambulauit *V*: *corr.* ζ   8 adoneus
Statius: ydoneus *V* (idon- *R*)   13 uestra ζ: nostra *V*   diffututa *η*:
diffutura *V*   14 comesset *r*: comerset *O*, comeset *X*   15 alid
Statius: alit *V*   16 parum (*r⁰*) *X*, partum *O*   17 prima *Auantius³ et, teste Statio, Hadrianus*: primum *V*   19 libera *O*   scit *O*,
sit *X*   amnis *δ*: amni *V*   20 nunc *γ* (*repugnantibus tamen numeris*):
hunc *V*   timetur *Froeblich*: timet *V*   21 hic *α*: hinc *V*

21

nisi uncta deuorare patrimonia?
eone nomine †turbis opulentissime†
socer generque, perdidistis omnia?

XXX

ALFENE immemor atque unanimis false sodalibus,
iam te nil miseret, dure, tui dulcis amiculi?
iam me prodere, iam non dubitas fallere, perfide?
nec facta impia fallacum hominum caelicolis placent.
quae tu neglegis ac me miserum deseris in malis.   5
eheu quid faciant, dic, homines cuiue habeant fidem?
certe tute iubebas animam tradere, inique, ⟨me⟩
inducens in amorem, quasi tuta omnia mi forent.
idem nunc retrahis te ac tua dicta omnia factaque
uentos irrita ferre ac nebulas aereas sinis.   10
si tu oblitus es, at di meminerunt, meminit Fides,
quae te ut paeniteat postmodo facti faciet tui.

XXXI

PAENE insularum, Sirmio, insularumque
ocelle, quascumque in liquentibus stagnis
marique uasto fert uterque Neptunus,
quam te libenter quamque laetus inuiso,

XXIX 24 *Cf. librum Vergilianum Catalepton* vi. 6 gener socerque perdidistis omnia.

23 urbis o piissime *Lachmann*, orbis, o piissimei *Haupt*
    XXX 1 alphene *V*   false δ: salse *V*   2 nil *1472*: nichil *V*   3 non
codex Antenoris Balbi: non me *V*   *Post hunc uersum duos excidisse credidit Ellis*   5 quae] que *V*: quos *B. Guarinus*, quod *L. Mueller*   6 eheu
Pall.: o heu *V*   dic *Auantius³*, dice *Ellis*: dico *V*   cuiue *rmg*: cuine
V   7 me *add. B. Guarinus et Auantius*   8 tuta omnia β: omnia
O, omnia tuta *X*   9 idem *O*, inde *G*, inde al. idem *R*   10 uento
V: corr. δ   11 at ζη: ut *V*   meminerunt] meminere, at *e codice nescio quo Muretus*
    XXXI 3 neptumnus *X*   4 libente *V: corr. β*

uix mi ipse credens Thuniam atque Bithunos   5
liquisse campos et uidere te in tuto.
o quid solutis est beatius curis,
cum mens onus reponit, ac peregrino
labore fessi uenimus larem ad nostrum,
desideratoque acquiescimus lecto?   10
hoc est quod unum est pro laboribus tantis.
salue, o uenusta Sirmio, atque ero gaude
gaudente, uosque, o Lydiae lacus undae,
ridete quidquid est domi cachinnorum.

XXXII

AMABO, mea dulcis Ipsitilla,
meae deliciae, mei lepores,
iube ad te ueniam meridiatum.
et si iusseris, illud adiuuato,
ne quis liminis obseret tabellam,   5
neu tibi lubeat foras abire,
sed domi maneas paresque nobis
nouem continuas fututiones.
uerum si quid ages, statim iubeto:
nam pransus iaceo et satur supinus   10
pertundo tunicamque palliumque.

XXXIII

O FVRVM optime balneariorum
Vibenni pater et cinaede fili

5 mi η: mihi V   crederis G (al. credens add. g)   Thuniam Schwabe (thyniam iam B. Guarinus): thimiam V   Bithunos Schwabe (bithynos iam m, -inos g): bithinios V   12 hero al. bero R   13 gaudente Bergk: gaude O, gaudete X   uosque (nisi potius uosque o) η: uos quoque V
XXXII 1 mea Rmg: meas V   Ipsitilla post Italos Buecheler: ipsi illa O, ipsithila X (al. ipsicilla R)   4 adiubeto Turnebus   5 luminis O 6 libeat R1, lube O

(nam dextra pater inquinatiore,
culo filius est uoraciore),
cur non exilium malasque in oras   5
itis? quandoquidem patris rapinae
notae sunt populo, et natis pilosas,
fili, non potes asse uenditare.

XXXIV

DIANAE sumus in fide
puellae et pueri integri:
⟨Dianam pueri integri⟩
  puellaeque canamus.
o Latonia, maximi
magna progenies Iouis,
quam mater prope Deliam
  deposiuit oliuam,
montium domina ut fores
siluarumque uirentium   10
saltuumque reconditorum
  amniumque sonantum:
tu Lucina dolentibus
Iuno dicta puerperis,
tu potens Triuia et notho es   15
  dicta lumine Luna.
tu cursu, dea, menstruo
metiens iter annuum,

XXXIII 4 uoratiore *V* (al. uolantiore *Rmg*)   5 oras β: horas *V*
8 potest ase uendicare *V*: *corr.* η (asse *iam* ε)

XXXIV 3 *uersum om. V*: Dianae pueri integri '*in uetustiore exemplari inuentum*' *restituit Pall.* (*idem teste Perreio Pontanus*), Dianam *Auantius*[3]
8 deposuit *V*: *corr. Pall.*   12 amniumque *cod. Pisaurensis:* omniumque *V* (omnium *X*)   sonantium *V*: *corr. Pall.*   15 notho es *V* (al. et noto es *Rmg*): notho's (*et* solita's *u.* 23) *L. Mueller*   17 menstrua *V: corr. B. Guarinus*

rustica agricolae bonis
    tecta frugibus exples.   20
sis quocumque tibi placet
sancta nomine, Romulique,
antique ut solita es, bona
    sospites ope gentem.

XXXV

POETAE tenero, meo sodali,
uelim Caecilio, papyre, dicas
Veronam ueniat, Noui relinquens
Comi moenia Lariumque litus.
nam quasdam uolo cogitationes   5
amici accipiat sui meique.
quare, si sapiet, uiam uorabit,
quamuis candida milies puella
euntem reuocet, manusque collo
ambas iniciens roget morari.   10
quae nunc, si mihi uera nuntiantur,
illum deperit impotente amore.
nam quo tempore legit incohatam
Dindymi dominam, ex eo misellae
ignes interiorem edunt medullam.   15
ignosco tibi, Sapphica puella
musa doctior; est enim uenuste
Magna Caecilio incohata Mater.

XXXV 12 *citat Charisius, ars gramm. (p.* 134 *K.).*

21 sis quecumque t. placet *O,* scis quecumque t. placent *X* (al. sis quo-
cumque t. placet *Rmg)*
XXXV 2 cecilio *V* (occilio *O)*   4 menia *Rmg:* ueniam *O,* meniam
G   11 mihi si *R*   12 inpotente $\zeta\eta$ *et* amore *rmg (ita Charisius):*
impotentem amorem *V*   13 legit *1472:* eligit *O,* elegit *X*   in-
cohatam *B. Guarinus,* inchoatam *Pall.:* indotatam *V*   18 cecilia *V:*
corr. 1473

XXXVI

ANNALES Volusi, cacata carta,
uotum soluite pro mea puella.
nam sanctae Veneri Cupidinïque
uouit, si sibi restitutus essem
desissemque truces uibrare iambos,   5
electissima pessimi poetae
scripta tardipedi deo daturam
infelicibus ustulanda lignis.
et hoc pessima se puella uidit
iocose lepide uouere diuis.   10
nunc o caeruleo creata ponto,
quae sanctum Idalium Vriosque apertos
quaeque Ancona Cnidumque harundinosam
colis quaeque Amathunta quaeque Golgos
quaeque Durrachium Hadriae tabernam,   15
acceptum face redditumque uotum,
si non illepidum neque inuenustum est.
at uos interea uenite in ignem,
pleni ruris et inficetiarum
annales Volusi, cacata carta.   20

XXXVII

SALAX taberna uosque contubernales,
a pilleatis nona fratribus pila,

XXXVII 1 *citat Atilius Fortunatianus, ars (p.* 293 *K.).*

XXXVI *1 et 20* annales uolusi θ: anuale (annuale *X*) suo lusi *V*   5 dedissemque *V*: corr. *Auantius*   10 ioco se lepido *Scaliger*   diuis ζη: se diuis *V*   11 *o om. O*   poncto *O*, punto *X*   12 adalium *O*, adalium *al.* ydalium *X*   utriosque *al.* uriosque *G*   13 gnidumque *V*   14 colis quaeque ζη: colisque *V*   golgos *H. Barbarus (teste Mureto ad* lxiv. 96): alcos *V*   15 durachium *V*   18 uenite *al.* uenire *R*   19 ruris *Pall.*: turis *V*
XXXVII 2 pileatis *rmg*

solis putatis esse mentulas uobis,
solis licere, quidquid est puellarum,
confutuere et putare ceteros hircos?   5
an, continenter quod sedetis insulsi
centum an ducenti, non putatis ausurum
me una ducentos irrumare sessores?
atqui putate: namque totius uobis
frontem tabernae sopionibus scribam.   10
puella nam mi, quae meo sinu fugit,
amata tantum quantum amabitur nulla,
pro qua mihi sunt magna bella pugnata,
consedit istic. hanc boni beatique
omnes amatis, et quidem, quod indignum est,   15
omnes pusilli et semitarii moechi;
tu praeter omnes une de capillatis,
cuniculosae Celtiberiae fili,
Egnati, opaca quem bonum facit barba
et dens Hibera defricatus urina.   20

XXXVIII

MALEST, Cornifici, tuo Catullo,
malest, me hercule, et laboriose,
et magis magis in dies et horas.
quem tu, quod minimum facillimumque est,
qua solatus es allocutione?   5

17.-18 *Priscianus, inst.* v. 77 *et* vii. 22.

---

5 confutere *V*: *corr.* η   11 nam mi *Heinsius* (*mei Schwabe*) *uix
latine* (*cf.* xxi. 11), namque *Auantius*: nam me *V*   16 semitani *V*:
corr. rmg   17 une *V*: uno al. une *m* (al. uno *add. g*)   18 celti-
beri *X*   20 et *X*, e *O*

XXXVIII 1 malest *Lachmann* (male est *iam Calph.*): male est si *V*   cor-
nifici *Auantius*: carnifici *V*   2 malest *Lachmann*: male si *V* (male est
si *r*), *cf.* lxii. 8   et *V*: ei et *Lachmann*, et est *Sillig*

irascor tibi. sic meos amores?
paulum quid lubet allocutionis,
maestius lacrimis Simonideis.

XXXIX

EGNATIVS, quod candidos habet dentes,
renidet usque quaque. si ad rei uentum est
subsellium, cum orator excitat fletum,
renidet ille; si ad pii rogum fili
lugetur, orba cum flet unicum mater,   5
renidet ille. quidquid est, ubicumque est,
quodcumque agit, renidet: hunc habet morbum,
neque elegantem, ut arbitror, neque urbanum.
quare monendum est ⟨te⟩ mihi, bone Egnati.
si urbanus esses aut Sabinus aut Tiburs   10
aut pinguis Vmber aut obesus Etruscus
aut Lanuuinus ater atque dentatus
aut Transpadanus, ut meos quoque attingam,
aut quilubet, qui puriter lauit dentes,
tamen renidere usque quaque te nollem: 15
nam risu inepto res ineptior nulla est.
nunc Celtiber ⟨es⟩: Celtiberia in terra,
quod quisque minxit, hoc sibi solet mane

XXXIX 11 *Liber Glossarum* (*Glossaria Latina* i. 443 Lindsay, *Corpus Gloss. Lat.* v.233 *Goetz*) Pinguis: crassus. nam obesus plus est quam pinguis. Catulus ait 'aut pinguis ubera aut obesus et grossus'.

XXXIX 2 si] sei *O*, seu *G*, seu al. sei *R*   3 subscellum *O*, subsellum *X*   excitat orator *V*: *corr.* θ   4 pii *X* (al. impii *Rmg*), impii *O*   rogum α: regum *V*   filii *V*   9 mon. est te *Maebly*, mon. te est *Spengel*, monendus es *Calph.*   11 pinguis *ex glossario Lindsay*: parcus *V*   etruscus *g*: et truscus *V* (al. etruscus *Rm*)   12 lamiuinus *V*: *corr. m*   13 ut ε: aut *V*   14 pariter al. puriter *R*   17 es *add. Corr. de Allio*

dentem atque russam defricare gingiuam,
ut, quo iste uester expolitior dens est,   20
hoc te amplius bibisse praedicet loti.

XL

QVAENAM te mala mens, miselle Rauide,
agit praecipitem in meos iambos?
quis deus tibi non bene aduocatus
uecordem parat excitare rixam?
an ut peruenias in ora uulgi?   5
quid uis? qualubet esse notus optas?
eris, quandoquidem meos amores
cum longa uoluisti amare poena.

XLI

AMEANA puella defututa
tota milia me decem poposcit,
ista turpiculo puella naso,
decoctoris amica Formiani.
propinqui, quibus est puella curae,   5
amicos medicosque conuocate:
non est sana puella, nec rogare
qualis sit solet aes imaginosum.

---

19 *Apuleius, apologia* 6 ut ait Catullus . . . 'dentem atque russam
pumicare gingiuam'.

---

19 rusam *V*   20 noster *O*   expolitior *g*: expolitor *V* (al. expolitior
Rm)   21 loti *cod. Pisaurensis*: lotus *V*
    XL 1 raude *Itali*   3 auocatus *V*: *corr. mg*   5 perueniamus
V: *corr. θ*   8 pena *O*, poema *G*, poema al. poena *Rmg*
    XLI 1 A me an a *V*, *uix sanabile* defutura *R*   4 formani *V*
corr. rmg   5 puelle *V*: *corr. δ*   6 conuocare *V*: *corr. 1473*   8 aes
Froehlich: et *V*

XLII

ADESTE, hendecasyllabi, quot estis
omnes undique, quotquot estis omnes.
iocum me putat esse moecha turpis,
et negat mihi nostra reddituram
pugillaria, si pati potestis.   5
persequamur eam et reflagitemus.
quae sit, quaeritis? illa, quam uidetis
turpe incedere, mimice ac moleste
ridentem catuli ore Gallicani.
circumsistite eam, et reflagitate,   10
'moecha putida, redde codicillos,
redde, putida moecha, codicillos!'
non assis facis? o lutum, lupanar,
aut si perditius potes quid esse.
sed non est tamen hoc satis putandum.   15
quod si non aliud potest, ruborem
ferreo canis exprimamus ore.
conclamate iterum altiore uoce
'moecha putida, redde codicillos,
redde, putida moecha, codicillos!'   20
sed nil proficimus, nihil mouetur.
mutanda est ratio modusque uobis,
siquid proficere amplius potestis:
'pudica et proba, redde codicillos.'

XLII 5 *Charisius, ars gramm.* (*p.* 97 *K.*) Haec pugillaria saepius neu-
traliter dicit idem Catullus in hendecasyllabis.

XLII 3 locum *O,* locum al. iocum *X*   4 nostra *Auantius*3: uestra
V   7 illam *X* (*corr. r*)   8 mimice *Turnebus*: mirmice *V*   9
catulli *V: corr. β*   12 *uersum om. R1*   15 satis hoc *R*   21 nil
1472: nichil *V*   nihil] nil *g*   22 uobis *θ*: nobis *V*

XLIII

SALVE, nec minimo puella naso
nec bello pede nec nigris ocellis
nec longis digitis nec ore sicco
nec sane nimis elegante lingua,
decoctoris amica Formiani.   5
ten prouincia narrat esse bellam?
tecum Lesbia nostra comparatur?
o saeclum insapiens et infacetum!

XLIV

O FVNDE noster seu Sabine seu Tiburs
(nam te esse Tiburtem autumant, quibus non est
cordi Catullum laedere; at quibus cordi est,
quouis Sabinum pignore esse contendunt),
sed seu Sabine siue uerius Tiburs,   5
fui libenter in tua suburbana
uilla, malamque pectore expuli tussim,
non inmerenti quam mihi meus uenter,
dum sumptuosas appeto, dedit, cenas.
nam, Sestianus dum uolo esse conuiua,   10
orationem in Antium petitorem
plenam ueneni et pestilentiae legi.
hic me grauedo frigida et frequens tussis
quassauit usque, dum in tuum sinum fugi,
et me recuraui otioque et urtica.   15

XLIII 8 seclum *Rmg*: sedum *V*   et] atque *mg*
XLIV 2 cum quibus *Gr*   4 pign̄oris *V*: *corr.* δ   7 malamque p.
expuli tussim *cod. Edinensis anni mccccxcv* (expui *Scaliger*): aliamque p.
expulsus sim *V*   8 meus uenter *Faernus*: mens uertur *V*   10
festianus *O*   conuiuia *X* (*corr. gr*)   11 oratione (-nem *X*) minan-
tium *V*: *corr. Statius*   petitorum *rmg*   13 hoc *O*   grauido *V*:
corr. δ

quare refectus maximas tibi grates
ago, meum quod non es ulta peccatum.
nec deprecor iam, si nefaria scripta
Sesti recepso, quin grauedinem et tussim
non mi, sed ipsi Sestio ferat frigus,   20
qui tunc uocat me, cum malum librum legi.

XLV

ACMEN Septimius suos amores
tenens in gremio 'mea' inquit 'Acme,
ni te perdite amo atque amare porro
omnes sum assidue paratus annos,
quantum qui pote plurimum perire,   5
solus in Libya Indiaque tosta
caesio ueniam obuius leoni.'
hoc ut dixit, Amor sinistra ut ante
dextra sternuit approbationem.

   at Acme leuiter caput reflectens   10
et dulcis pueri ebrios ocellos
illo purpureo ore suauiata,
'sic', inquit 'mea uita Septimille,
huic uni domino usque seruiamus,
ut multo mihi maior acriorque   15
ignis mollibus ardet in medullis.'
hoc ut dixit, Amor sinistra ut ante
dextra sternuit approbationem.

---

19 sexti recepso *ed. Rom.*: sestire cepso *V*   quin ζ: qui *V*   20 mi]
mihi *V*   sectio *V* (al. sestio *R*)   21 legi *Lachmann*: legit *V*
   XLV 1 ac men *X*   septimios *O*, septimos *X*   3 perditi *V*: *corr. r*
5 potest *V*: *corr. r*   9 dextram ζη   approbationem θ: -one *V* (*locus
nondum expeditus*)   10 at acme *r*: ad hac (hanc *X*) me *V*   12
sauiata *r*: saniata *V*   13 septimille *r*: septinulle *V* (al. septinuelle *R*)
14 uno *X* (corr. *rmg*)   17 sinistra ut *r*: sinistrauit *V*   18 dextra
1472: dextram *V*

nunc ab auspicio bono profecti
mutuis animis amant amantur.   20
unam Septimius misellus Acmen
mauult quam Syrias Britanniasque:
uno in Septimio fidelis Acme
facit delicias libidinesque.
quis ullos homines beatiores   25
uidit, quis Venerem auspicatiorem?

XLVI

IAM uer egelidos refert tepores,
iam caeli furor aequinoctialis
iucundis Zephyri silescit aureis.
linquantur Phrygii, Catulle, campi
Nicaeaeque ager uber aestuosae: 5
ad claras Asiae uolemus urbes.
iam mens praetrepidans auet uagari,
iam laeti studio pedes uigescunt.
o dulces comitum ualete coetus,
longe quos simul a domo profectos   10
diuersae uarie uiae reportant.

XLVII

PORCI et Socration, duae sinistrae
Pisonis, scabies famesque mundi,
uos Veraniolo meo et Fabullo
uerpus praeposuit Priapus ille?

21 septumius *V*   agmen *V*: *corr. r*   22 siriasque *V* (syr- *X*):
corr. γδ   24 libidinisque *X* (*corr. r*)
   XLVI 1 uere gelidos *V*: *corr. θ*   3 aureis *V* (auris *r*)   5 uber
Auantius: ruber *V*   estuose *r*: estuore *V*   10 quos *r*: quo *V* (quo-
que *R*)   11 diuerse uarie *V*: diuersae uariae *uulgo*
   XLVII 2 mundae *Buecheler*   4 proposuit *V*: *corr. r*

uos conuiuia lauta sumptuose 5
de die facitis, mei sodales
quaerunt in triuio uocationes?

XLVIII

MELLITOS oculos tuos, Iuuenti,
si quis me sinat usque basiare,
usque ad milia basiem trecenta
nec numquam uidear satur futurus,
non si densior aridis aristis 5
sit nostrae seges osculationis.

XLIX

DISERTISSIME Romuli nepotum,
quot sunt quotque fuere, Marce Tulli,
quotque post aliis erunt in annis,
gratias tibi maximas Catullus
agit pessimus omnium poeta, 5
tanto pessimus omnium poeta,
quanto tu optimus omnium patronus.

L

HESTERNO, Licini, die otiosi
multum lusimus in meis tabellis,
ut conuenerat esse delicatos:
scribens uersiculos uterque nostrum
ludebat numero modo hoc modo illoc, 5

XLVIII 1 inuenti *V*: *corr. r*   4 numquam *V* (*cf.* lxxvi. 3): umquam
r, mi umquam *Statius* (*fort. recte*)   uidear satur *B. Guarinus* (satur *iam*
δ): inde corsater *V*   6 sint *V*: *corr. rmg*
   XLIX 7 omnium*s* *R*   patronus *Or*, patronum *X*
   L 2 in meis *V*: inuicem *Sabellicus*, '*an* in tueis?' *Schwabe*   5 ludebat
al. le- *R*

reddens mutua per iocum atque uinum.
atque illinc abii tuo lepore
incensus, Licini, facetiisque,
ut nec me miserum cibus iuuaret
nec somnus tegeret quiete ocellos,   10
sed toto indomitus furore lecto
uersarer, cupiens uidere lucem,
ut tecum loquerer simulque ut essem.
at defessa labore membra postquam
semimortua lectulo iacebant,   15
hoc, iucunde, tibi poema feci,
ex quo perspiceres meum dolorem.
nunc audax caue sis, precesque nostras,
oramus, caue despuas, ocelle,
ne poenas Nemesis reposcat a te.   20
est uemens dea: laedere hanc caueto.

LI

ILLE mi par esse deo uidetur,
ille, si fas est, superare diuos,
qui sedens aduersus identidem te
  spectat et audit
dulce ridentem, misero quod omnis   5

L 18 *Seruius ad Vergili aen.* iv. 409 Catullus cauēre dixit (*cf.* lxi. 145).

---

7 abiit *V*: *corr. r* 8 lacini *V* facetiisque *r*: faceti tuique *V*
10 sompnus *r*: somnos *V* 12 uersaretur *V*: *corr. r* 13 omnem
X (al. essem *add. Rmg*), *cf.* lxiii. 90 14 at α: ad *V* 18 caue
sis *Pall.*, caueas *r*: caueris *V* 19 ocello *V*: *corr. B. Guarinus*
20 nemesis δε: ne messis *V* resposcat *O*₁ reposcat *G*, reponat *R*
21 uehemens *V*
 LI 1 mi *rg*: mi(c)hi *V* par θ: impar *V* 3/4 te / spectat *rg*: / te
spectat *V* 5 misero quod *g*: miseroque *V* (al. quod *Rm*)

35

eripit sensus mihi: nam simul te,
Lesbia, aspexi, nihil est super mi

. . .

lingua sed torpet, tenuis sub artus
flamma demanat, sonitu suopte
tintinant aures, gemina teguntur
    lumina nocte.

otium, Catulle, tibi molestum est:
otio exsultas nimiumque gestis:
otium et reges prius et beatas
    perdidit urbes.

10

15

LII

Qvid est, Catulle? quid moraris emori?
sella in curuli struma Nonius sedet,
per consulatum peierat Vatinius:
quid est, Catulle? quid moraris emori?

LIII

Risi nescio quem modo e corona,
qui, cum mirifice Vatiniana

LII 2 *citant Marius Victorinus, ars gramm.* (*p.* 136 *K.*), *Caesius Bassus de metris* (*p.* 257 *K.*); *cf. Plinium, hist. nat.* xxxvii. 81, *Boethium de consolatione philosophiae* iii. 4.

---

8 *uersum om.* V: quod loquar amens *exempli gratia suppleuit Parth., alii alia*   10 flamma r: flamina V   11 tintiant O, tintinant Gr, tintinnat R   12 limina X   13–16 *hos uu. fragmentum carminis deperditi esse censuerunt Statius, alii* (*haud scio an recte*) 13 catuli O, catulli X: *corr.* θ

LII 1 *et* 4 emori η: mori V   2 struma V: scrofa *Mar. Vict.*   nonius *ex Plinio Parth.*: nouius V   3 peierat r: perierat V   uacinius X
LIII 1 e ζ: et V

meus crimina Caluos explicasset,
admirans ait haec manusque tollens,
'di magni, salaputium disertum!' 5

LIV

OTHONIS caput oppido est pusillum,
†et erit† rustice semilauta crura,
subtile et leue peditum Libonis,
si non omnia, displicere uellem
tibi et Sufficio seni recocto ... 5
irascere iterum meis iambis
inmerentibus, unice imperator.

LV

ORAMVS, si forte non molestum est,
demonstres ubi sint tuae tenebrae.
te Campo quaesiuimus minore,
te in Circo, te in omnibus libellis,
te in templo summi Iouis sacrato. 5
in Magni simul ambulatione
femellas omnes, amice, prendi,

LIII 5 *Seneca, controuersiae* vii. 4 (19) 7 erat enim (Caluus) paruolus statura, propter quod etiam Catullus in hendecasyllabis uocat illum 'salaputtium disertum'.

---

3 meos *V: corr. r* crimina al. carmina *X*(?), carmina *m* caluus *r* 4 manusque al. inanius *R* 5 salaputium ε: salapantium *V* (al. salapputium *R*) disertum ζη: desertum *V*

LIV *Carmen uix integre traditum* 1 otonis *V* apido *O* *Post* pusillum *add. V* hoc iocunde ... dolorem *ex* l. 16, 17 *repetita* 2 et eri *V* (et heri *Rmg*): Heri *Muretus,* Hirri *Hermes* rustica *Turnebus* 5 Fufficio *Scaliger* seniore cocto *V* (al. -p- *G,* copto *Rm*): *corr. Calph.*

LV 1 molestus es *V: corr.* β 3 quaesiuimus in *V*: in *del. Scaliger, ante* Campo *traiecit Sillig*; quaesimus in *Birt* te quaesiuimus in minore campo η 4 in (r⁰)] id *O,* id al. in *X* libellis *uix sanum*: ligellis *B. Guarinus* 7 prehendi *X*

quas uultu uidi tamen sereno.
†aueltet†, sic ipse flagitabam,
Camerium mihi pessimae puellae.   10
quaedam inquit, nudum reduc ...
'en hic in roseis latet papillis.'
sed te iam ferre Herculei labos est;
tanto te in fastu negas, amice.
dic nobis ubi sis futurus, ede   15
audacter, committe, crede luci.
nunc te lacteolae tenent puellae?
si linguam clauso tenes in ore,
fructus proicies amoris omnes.
uerbosa gaudet Venus loquella.   20
uel, si uis, licet obseres palatum,
dum uestri sim particeps amoris.

LVI

O REM ridiculam, Cato, et iocosam,
dignamque auribus et tuo cachinno!
ride quidquid amas, Cato, Catullum:
res est ridicula et nimis iocosa.
deprendi modo pupulum puellae   5
trusantem; hunc ego, si placet Dionae,
protelo rigida mea cecidi.

---

8 sereno β, serenas δ: serena V   9 auelte sic V : auelli sinite *Auantius*
10 camerum r   pessime V   11 quedam *Or*, quendam X
reduc V: sinum recludens *Riese*   12 en r, hem g: em V   hic R:
hec V   13 herculis r   14 te in V: ten *Muretus*   16 audacter
(audaciter O) hoc V: hoc *hinc summouit 1472*   crede al. crude X
luci *cod. Vaticanus lat.* 1608 *anni mcccclxxix* (lucei *Scaliger*): lucet V
18 tenens V: corr. r   19 prohicies O, proijcies X   22 uestri V
(al. nostri X)   sim *cod. Pisaurensis*, sim ego *Auantius*: sis V
   LVI 5 populum V: *corr. Parth.*   6 dyone X   7 pro telo G

LVII

PVLCRE conuenit improbis cinaedis,
Mamurrae pathicoque Caesarique.
nec mirum: maculae pares utrisque,
urbana altera et illa Formiana,
impressae resident nec eluentur: 5
morbosi pariter, gemelli utrique,
uno in lecticulo erudituli ambo,
non hic quam ille magis uorax adulter,
riuales socii puellularum.
pulcre conuenit improbis cinaedis.   10

LVIII

CAELI, Lesbia nostra, Lesbia illa,
illa Lesbia, quam Catullus unam
plus quam se atque suos amauit omnes,
nunc in quadriuiis et angiportis
glubit magnanimi Remi nepotes.   5

LVIII^b

NON custos si fingar ille Cretum,
non Ladas ego pinnipesue Perseus,   3
non si Pegaseo ferar uolatu,   2
non Rhesi niueae citaeque bigae;

LVII 3 pares θ: paris V   5 nece luentur V: corr. θ   7 lectulo
X   9 socii *Auantius*³ (sociei *Scaliger*): socii et V (*fort. recte*)
    LVIII 1 nostra R, uestra OG   4 quadriuiis G, quadriuis R   5
magnanimi Remi *Vossius*, -imos Remi *cod. Vat. lat.* 1608 *et Calph.*: magna
amiremini (adm- X) V
    LVIIIb *post* lv. 12 *collocant paucissimi codd. recentiores, post* lv. 13 *ed.*
Rom., post lv. 22 *Aldina   uersus* 3, 2 *hoc ordine Muretus*   3 primipes
V (al. pinnipes *Rmg*)   4 niuee G, uinee OR   niueis citisque bigis
Muretus

39

adde huc plumipedas uolatilesque,   5
uentorumque simul require cursum,
quos iunctos, Cameri, mihi dicares:
defessus tamen omnibus medullis
et multis languoribus peresus
essem te mihi, amice, quaeritando.   10

LIX

Bononiensis Rufa Rufulum fellat,
uxor Meneni, saepe quam in sepulcretis
uidistis ipso rapere de rogo cenam,
cum deuolutum ex igne prosequens panem
ab semiraso tunderetur ustore.   5

LX

Nvm te leaena montibus Libystinis
aut Scylla latrans infima inguinum parte
tam mente dura procreauit ac taetra,
ut supplicis uocem in nouissimo casu
contemptam haberes, a nimis fero corde?   5

LXI

Collis o Heliconii
cultor, Vraniae genus,
qui rapis teneram ad uirum
uirginem, o Hymenaee Hymen,
o Hymen Hymenaee;   5

7 iunctos *g*: uictos *O*, uinctos *X*

LIX 1 rufulum *Auantius, alii alia*: rufum *V*   fellat *O*, fallat *G*, fallat al. fellat *R*

LX 1 libissinis *O*, libisinis *X*: *corr. Scaliger*   2 scylla ε: silla *V*   4 suplicus *O*, suppliciis *X*   5 contentam *OI*, conteptam *X*

LXI 1 bellicon iei *O*, eliconei *X*   4 hymen *om. V*: *add. Gr*   5
hymen (*om. G*) o hymenee hymen *V*: *corr. Aldina* (Hymen o *alii*)

cinge tempora floribus
suaue olentis amaraci,
flammeum cape laetus, huc
huc ueni, niueo gerens
    luteum pede soccum;   10

excitusque hilari die,
nuptialia concinens
uoce carmina tinnula,
pelle humum pedibus, manu
    pineam quate taedam.   15

namque Iunia Manlio,
qualis Idalium colens
uenit ad Phrygium Venus
iudicem, bona cum bona
    nubct alite uirgo,   20

floridis uelut enitens
myrtus Asia ramulis
quos Hamadryades deae
ludicrum sibi roscido
    nutriunt umore.   25

quare age, huc aditum ferens,
perge linquere Thespiae
rupis Aonios specus,
nympha quos super irrigat
    frigerans Aganippe.   30

7 amarici *V*: *corr. O*   8 flameum *V*   12 continens *V*, con-
cines *r*   13 tinnuula *V*: *corr. gr*   15 spineam *Parth.*   16 iunia *V*:
Vibia *Syme*   manlio *θ*: mallio *V*   21 uelut] uult *O* (*cf. uu.* 102,
187)   24 ludricum *V*: *corr. R*   rosido *V*

ac domum dominam uoca
coniugis cupidam noui,
mentem amore reuinciens,
ut tenax hedera huc et huc
arborem implicat errans.   35

uosque item simul, integrae
uirgines, quibus aduenit
par dies, agite in modum
dicite, o Hymenaee Hymen,
o Hymen Hymenaee.   40

ut lubentius, audiens
se citarier ad suum
munus, huc aditum ferat
dux bonae Veneris, boni
coniugator amoris.   45

quis deus magis est ama-
tis petendus amantibus?
quem colent homines magis
caelitum, o Hymenaee Hymen,
o Hymen Hymenaee?   50

te suis tremulus parens
inuocat, tibi uirgines
zonula soluunt sinus,

31 ac *V*: ad *r*   33 reuincens *V*: *corr.* ε   34 hac et hac *r*
38 in nodum *V* (al. in modum *R*)   40 o hymenee (hymen o *r*)
hymenee hymen *V*   46/47 est ama-/tis *Bergk*, anxiis / est *Haupt*:
amatis / est *V*   *Inter* 49 *et* 50 *exhibuit V* comperarier (conperaries *O*)
ausit (*cf. uu.* 65, 70, 75): *del. r*   50 o hymen (hymen o *r*) hymenee
hymen *V*   51 suis tremulus η: sui si remulus *V* (suis remulus *r*,
sui si remus al. remulus *m*, al. remus *add. g*)

te timens cupida nouos
    captat aure maritus.   55

tu fero iuueni in manus
floridam ipse puellulam
dedis a gremio suae
matris, o Hymenaee Hymen,
    o Hymen Hymenaee.   60

nil potest sine te Venus,
fama quod bona comprobet,
commodi capere, at potest
te uolente. quis huic deo
    compararier ausit?   65

nulla quit sine te domus
liberos dare, nec parens
stirpe nitier; at potest
te uolente. quis huic deo
    compararier ausit?   70

quae tuis carcat sacris,
non queat dare praesides
terra finibus: at queat
te uolente. quis huic deo
    compararier ausit?   75

claustra pandite ianuae.
uirgo adest. uiden ut faces

---

55 maritos *V* : *corr. Muretus*   58–60 dedis a g. s. matris / o hymenee
hymen hymenee (o hymenee *mg*) *V*   61 nil *rmg*: nichil *V*   68 nitier
β: uities *O*, uicier *X*   77 ades *Schrader*

splendidas quatiunt comas?

. . . .

    . . . .   (80)

. . . .

    . . . .

tardet ingenuus pudor.
quem tamen magis audiens,   80
   flet quod ire necesse est.   (85)

flere desine. non tibi Au-
runculeia periculum est,
ne qua femina pulcrior
clarum ab Oceano diem   85
   uiderit uenientem.   (90)

talis in uario solet
diuitis domini hortulo
stare flos hyacinthinus.
sed moraris, abit dies.   90
   ⟨prodeas noua nupta.⟩   (95)

prodeas noua nupta, si
iam uidetur, et audias
nostra uerba. uiden? faces
aureas quatiunt comas: 95
   prodeas noua nupta.   (100)

non tuus leuis in mala
deditus uir adultera,

Post u. 78 lacunam quattuor uersuum statuunt edd. 82 arunculeia
X 88 ortullo *V* (ortulo *Rmg*) 89 iactintinus *O*, iacintinus *X*
9c (*idem* 105, 112) abiit *V* 91 *uersum om. V: add. Aldina* 94
uiden *θ*, uide ut *Parth.*: uiden (uideri *O*) ut *V*

probra turpia persequens,
a tuis teneris uolet   100
  secubare papillis,   (105)

lenta sed uelut adsitas
uitis implicat arbores,
implicabitur in tuum
complexum. sed abit dies: 105
  prodeas noua nupta.   (110)

o cubile, quod omnibus

. . . .

. . . .

. . . .

  candido pede lecti,   (115)

quae tuo ueniunt ero,
quanta gaudia, quae uaga   110
nocte, quae medio die
gaudeat! sed abit dies:
  prodeas noua nupta.   (120)

tollite, ⟨o⟩ pueri, faces:
flammeum uideo uenire.   115
ite concinite in modum
'io Hymen Hymenaee io,
  io Hymen Hymenaee.'   (125)

99 probra turpia *Calph*.: procatur pia *V*   102 sed *O*, -que *X*: qui
Aldina, quin *Auantius*[3]   uelut] uult *O*   *Post* 107 *lacunam trium
uersuum statuunt edd*.   110, 111 quae *r*: -que *V*   114 o *add. r*
115 flamineum *V* (flammineum *O*)   117, 118, 116 *hoc ordine X*; 117,
116 *omisso uersu* 118 *O*   118 (*idem semper in sequentibus*) io *in fine
add. V*

ne diu taceat procax
Fescennina iocatio,   120
nec nuces pueris neget
desertum domini audiens
   concubinus amorem.   (130)

da nuces pueris, iners
concubine! satis diu   125
lusisti nucibus: lubet
iam seruire Talasio.
   concubine, nuces da.   (135)

sordebant tibi uilicae,
concubine, hodie atque heri: 130
nunc tuum cinerarius
tondet os. miser a miser
   concubine, nuces da.   (140)

diceris male te a tuis
unguentate glabris marite   135
abstinere, sed abstine.
io Hymen Hymenaee io,
   ⟨io Hymen Hymenaee.⟩   (145)

scimus haec tibi quae licent
sola cognita, sed marito   140
ista non eadem licent.
io Hymen Hymenaee io,
   io Hymen Hymenaee.   (150)

119 taceat *r*: taceatis *V*   120 fosceninna *O*   iocatio *Heinsius*:
locatio *V* (locutio *m*, al. locutio *add. g*)   125 diu] domini *O*
127 iam] nam *O*   129 iulice *O*, uillice *X*   132 miser a] misera
O, miser ah *X*   134 diceris *1473*: diceres *V*   male *Gr*, malle *ORmg*
138 *add.* β   143 *om. O*

nupta, tu quoque quae tuus
uir petet caue ne neges,   145
ni petitum aliunde eat.
io Hymen Hymenaee io,
    io Hymen Hymenaee.   (155)

en tibi domus ut potens
et beata uiri tui,   150
quae tibi sine seruiat
(io Hymen Hymenaee io,
    io Hymen Hymenaee)   (160)

usque dum tremulum mouens
cana tempus anilitas   155
omnia omnibus annuit.
io Hymen Hymenaee io,
    io Hymen Hymenaee.   (165)

transfer omine cum bono
limen aureolos pedes,   160
rasilemque subi forem.
io Hymen Hymenaee io,
    io Hymen Hymenaee.   (170)

aspice intus ut accubans
uir tuus Tyrio in toro   165
totus immineat tibi.
io Hymen Hymenaee io,
    io Hymen Hymenaee.   (175)

144 tuis *X*   146 ni *V* (ne *R in margine*)   148 *om. V*: *add. Rmg*
151 seruiat *Parth.*: seruit *V* (*fine* seruit *r*)   153 (*et* 158, 163) *om. O*
155 anilitas *η*: anilis (ann- *X*) etas *V*   161 nassilemque *O*, rass- *X*:
corr. rmg   subi *r*: sibi *V*   164 intus *Statius*: unus *V*

illi non minus ac tibi
pectore uritur intimo   170
flamma, sed penite magis.
io Hymen Hymenaee io,
   io Hymen Hymenaee.   (180)

mitte brachiolum teres,
praetextate, puellulae: 175
iam cubile adeat uiri.
io Hymen Hymenaee io,
   io Hymen Hymenaee.   (185)

⟨uos⟩ bonae senibus uiris
cognitae bene feminae   180
collocate puellulam.
io Hymen Hymenaee io,
   io Hymen Hymenaee.   (190)

iam licet uenias, marite:
uxor in thalamo tibi est,   185
ore floridulo nitens,
alba parthenice uelut
   luteumue papauer.   (195)

at, marite, ita me iuuent
caelites, nihilo minus   190

169 ac *R*: hac *V*   170 uritur *V* (urimur *Rm*, al. urimur *add. g*)
175 puellule η: puelle *V*   176 adeant *X*   179 uos *add. Auantius*
uiris *cod. Leidensis anni mccccliii*: unis *V*   180 bene *Calph.* (beue *iam
ed. Rom.*): berue *V*   181 puellulam η: puellam *V*   185 tibi est
Bentley: est tibi *V*   187 uelut β: uult *O*, uultu *X* (al. uult *g*)
189–93 *post u.* 198 *V*: *buc reuocauit Scaliger*   189 ad maritum tamen
iuuenem *V*: *corr. Scaliger*

48

pulcer es, neque te Venus
neglegit. sed abit dies:
   perge, ne remorare. (200)

non diu remoratus es:
iam uenis. bona te Venus 195
iuuerit, quoniam palam
quod cupis cupis, et bonum
   non abscondis amorem. (205)

ille pulueris Africi
siderumque micantium 200
subducat numerum prius,
qui uestri numerare uolt
   multa milia ludi. (210)

ludite ut lubet, et breui
liberos date. non decet 205
tam uetus sine liberis
nomen esse, sed indidem
   semper ingenerari. (215)

Torquatus uolo paruulus
matris e gremio suae 210
porrigens teneras manus
dulce rideat ad patrem
   semihiante labello. (220)

191 pulcher es '*alii*' *apud Robortellum*: pulcre res *V*   neque θ: nec *V*
192 abiit *V*   193 rememorare *X*   194 remoratus *Calph.*:
remota *O*, remorata *X*   196 iuuerit θ: inuenerit *V*   197 cupis
cupis *OR(V?)*, cupis capis *Gr*   198 abscondas *V*: *corr.* ζη
199 africi *Heinsius* (-cei *Lachmann*): ericei *V*   202 uestri β (uostri
Itali): nostri *V* uult *Calph.*: uolunt *V*   203 ludi *ed. Rom.*
(ludei *Scaliger*): ludere *V*   204 ludite ut *Parth.* (ut *iam Calph.*): et
ludite et *V* (et 2° *del. r*)   208 ingenerati *O*   209 torcutus *O*
210 e] et *O*   213 semihiante *Scaliger*: sed mihi ante *V*

sit suo similis patri
Manlio et facile insciis   215
noscitetur ab omnibus,
et pudicitiam suae
    matris indicet ore.   (225)

talis illius a bona
matre laus genus approbet,   220
qualis unica ab optima
matre Telemacho manet
    fama Penelopeo.   (230)

claudite ostia, uirgines:
lusimus satis. at boni   225
coniuges, bene uiuite et
munere assiduo ualentem
    exercete iuuentam.   (235)

LXII

Vesper adest, iuuenes, consurgite: Vesper Olympo
exspectata diu uix tandem lumina tollit.
surgere iam tempus, iam pinguis linquere mensas,
iam ueniet uirgo, iam dicetur hymenaeus.
Hymen o Hymenaee, Hymen ades o Hymenaee!   5

215 maulio *O*, manlio *X*: mallio δ   insciis *r* (-ieis *Lachmann*):
insciens *V*   215/16 omnibus / nosc. ab insciis *Dawes*   217 suae
Calph., suo *r*: suam *V*   219/20 bona matre / laus *V*   221 ab
om. *O*   222 thelamacho *O*, theleamaco *X*   223 penolopeo *X*
224 hostia *V*   225 at boni ζη: ad bonlei *O*, ad bolnei *X* (al. bonei
Rmg)   226 bene uiuite *r*: bone uite *V*   227 assiduo ζη: assidue *V*
228 exercere *O*

LXII (*adest codex Paris. lat.* 8071, *olim Thuaneus* = *T*)   Epithalamium
Catulli *praescribit T*   *Versui* 1 *adscribit* Turba uirorum *X* (uirum *R*);
uu. 6, 11, 20, 32, 39 Puelle; *uu.* 26, 49 Iuuenes   3 pingues *X*   liquere *O*

Cernitis, innuptae, iuuenes? consurgite contra;
nimirum Oetaeos ostendit Noctifer ignes.
sic certest; uiden ut perniciter exsiluere?
non temere exsiluere, canent quod uincere par est.
Hymen o Hymenaee, Hymen ades o Hymenaee!   10

Non facilis nobis, aequales, palma parata est;
aspicite, innuptae secum ut meditata requirunt.
non frustra meditantur: habent memorabile quod sit;
nec mirum, penitus quae tota mente laborant.
nos alio mentes, alio diuisimus aures;   15
iure igitur uincemur: amat uictoria curam.
quare nunc animos saltem conuertite uestros;
dicere iam incipient, iam respondere decebit.
Hymen o Hymenaee, Hymen ades o Hymenaee!

Hespere, quis caelo fertur crudelior ignis?   20
qui natam possis complexu auellere matris,
complexu matris retinentem auellere natam,
et iuueni ardenti castam donare puellam.
quid faciunt hostes capta crudelius urbe?
Hymen o Hymenaee, Hymen ades o Hymenaee!   25

Hespere, quis caelo lucet iucundior ignis?
qui desponsa tua firmes conubia flamma,

6 consurgi eretera *T*   7 oeta eos *T*, hoc eos *V*   ignes *Pall.*:
imbres *T*, imber *V*   8 certest *Haupt* (certe est *iam Statius*): certes
·i· (id est) *T*, certe si *V* (certe *rmg*)   9 quod *T*, quo *V*   uincere
B. Guarinus: uisere *TV*   par est *T*, parent *V*   11 nobis *V*, nobilis *T*
(a)equalis *TV*   12 aspice *O*   que (querunt *O1*) oecum *V*   meditata
requirunt *Tr*: meditare querunt *V*   13 habent] hunc *O*   memora
psile *T*   14 om. *V, ex Thuaneo primus recepit Muretus*   15 nos
V, non *T*   17 nunc *T*, non *V*   conuertite *T*, committite *V*
20 quis *T*, qui *V*   22 auelle *T*   25 Kymeno kymeneae kymenades
o kymeneae (*et similia in sequentibus*) *T*   26 quis *T*, qui *V*   27
firmes *V*, fines *T*

quae pepigere uiri, pepigerunt ante parentes,
nec iunxere prius quam se tuus extulit ardor.
quid datur a diuis felici optatius hora? 30
Hymen o Hymenaee, Hymen ades o Hymenaee!

Hesperus e nobis, aequales, abstulit unam.

. . . .

. . . .

namque tuo aduentu uigilat custodia semper,
nocte latent fures, quos idem saepe reuertens,
Hespere, mutato comprendis nomine Eous. 35
at lubet innuptis ficto te carpere questu.
quid tum, si carpunt, tacita quem mente requirunt?
Hymen o Hymenaee, Hymen ades o Hymenaee!

Vt flos in saeptis secretus nascitur hortis,
ignotus pecori, nullo conuolsus aratro, 40
quem mulcent aurae, firmat sol, educat imber;
multi illum pueri, multae optauere puellae:
idem cum tenui carptus defloruit ungui,
nulli illum pueri, nullae optauere puellae:
sic uirgo, dum intacta manet, dum cara suis est; 45

LXII 45 *Quintilianus, inst. orat.* ix. 3. 16 Catullus in Epithalamio:
'dum innupta manet, dum cara suis est', cum prius 'dum' significet
'quoad', sequens 'usque eo'.

28 quae *T*, quo *V* (quod *r*)   uir *T*   29 uinxere *O*   30 a *om. T*
32 equales *V* (equalem *rmg*), aequalis *T*   *Post u.* 32 *lacunam statuit
Auantius*³   35 comprendis *V* (comprehendis *X*), comperendis *T*
eous *Schrader*: eospem *T*, eosdem *V*   36 at libet *V*, adlucet *T*
37 quittum *T*, quid (quod al. quid *X*) tamen (al. tum *R*) *V*   carpiunt *T*
quem a *T*, quam *V*   40 conuolsus *T*, conclusus *O*, contusus *Gr* (*quid
Rı, latet*)   41 quae mulcens aure firma *T*   *Post u.* 41 *uersum
unum excidisse censuit Spengel*   43, 44 *om. T*; seruauit *V* (*om. O*)
45 dum cara α: tum (cum *Rı*) cara *TV*   suis est *T*, sui sed *V* (suis sed *r*)

cum castum amisit polluto corpore florem,
nec pueris iucunda manet, nec cara puellis.
Hymen o Hymenaee, Hymen ades o Hymenaee!

Vt uidua in nudo uitis quae nascitur aruo,
numquam se extollit, numquam mitem educat uuam,　50
sed tenerum prono deflectens pondere corpus
iam iam contingit summum radice flagellum;
hanc nulli agricolae, nulli coluere iuuenci:
at si forte eadem est ulmo coniuncta marito,
multi illam agricolae, multi coluere iuuenci:　　55
sic uirgo dum intacta manet, dum inculta senescit;
cum par conubium maturo tempore adepta est,
cara uiro magis et minus est inuisa parenti.
⟨Hymen o Hymenaee, Hymen ades o Hymenaee!⟩　58b

Et tu ne pugna cum tali coniuge, uirgo.
non aequom est pugnare, pater cui tradidit ipse,　60
ipse pater cum matre, quibus parere necesse est.
uirginitas non tota tua est, ex parte parentum est,
tertia pars patrist, pars est data tertia matri,
tertia sola tua est: noli pugnare duobus,
qui genero sua iura simul cum dote dederunt.　　65
Hymen o Hymenaee, Hymen ades o Hymenaee!

49 ut *V*, et *T*　　50 numquam mitem (uitem *O*) educat *V*,
quam muniteam ducat *T*　　51 deflectens *V*, perflectens *T*
53 nulli coluere (coll- *X*) *V*, multi acoluere *T*　　54 at si *V*, apsi *T*
marita *T*　　55 acoluere *T*, accol- *V*　　56 intacta *TV*: innupta
(*cf. Quintil. ad u.* 45 *laudatum*) *Weber*　　dum (2°) *V*, tum *T*
58 cara *r*: cura *TV*　　58b *add. Muretus*　　59 tua *T*　　ne
B. Guarinus: nec *TV*　　60 equom *T*, equo *V*　　61 ipse *om. R1*
62 uersum *om. T*　　63 pars patrist *Haupt*, pars patris est *Muretus*:
patris *T*, pars patri *V*　　pars est *T*, est *O*, data pars *X*　　64 solit tu
est noli tuignare *T*

LXIII

Svper alta uectus Attis celeri rate maria,
Phrygium ut nemus citato cupide pede tetigit
adiitque opaca siluis redimita loca deae,
stimulatus ibi furenti rabie, uagus animis,
deuolsit ili acuto sibi pondera silice,   5
itaque ut relicta sensit sibi membra sine uiro,
etiam recente terrae sola sanguine maculans,
niueis citata cepit manibus leue typanum,
typanum tuum, Cybebe, tua, mater, initia,
quatiensque terga tauri teneris caua digitis   10
canere haec suis adorta est tremebunda comitibus.
'agite ite ad alta, Gallae, Cybeles nemora simul,
simul ite, Dindymenae dominae uaga pecora,
aliena quae petentes uelut exules loca
sectam meam exsecutae duce me mihi comites   15
rapidum salum tulistis truculentaque pelagi,
et corpus euirastis Veneris nimio odio;
hilarate erae citatis erroribus animum.
mora tarda mente cedat: simul ite, sequimini

LXIII 1 *citant Marius Victorinus, ars gramm.* (p. 154 *K.*) *et Terentianus de metris* 2900 (*p.* 411 *K.*); 2 *Caesius Bassus de metris* (*p.* 262 *K.*).

LXIII 1 actis *V*   celeri θ: celere *V*   4 ibi *Auantius*[3]: ubi *V* animis *Lachmann*, animi *Parth.*: amnis *V*   5 deuolsit *Haupt*: deuoluit *V*   ilei *Bergk*: iletas *V*   pondera silice *Auantius*: pondere silices *V* 7 maculas *V: corr.* ζη   8, 9 typanum *Scaliger*: timpanum (tympsemel *X*) *V*   9 tuom *Lachmann*: tubam *V*   Cybebe *Sillig* (Cybebes *iam Bentley*): cibeles *V*   tua *Calph.*: tu *V*   10 quatiensque α: quatiens quod *V*   tauri ζ (-rei *Lachmann*): tauri et *V*   12 (*similiter* 68 *et* 76) cibelles *O*, cibeles *X*   13 dindimenee *mg*   pectora *V: corr. Auantius* (*cf.* 77)   14 alienaque *V*   loca *B. Guarinus*: loca celeri *V*   15 execute *V* (excute *r*)   16 pelage *Victorius*   17 euitastis *Om*   18 herae citatis *Auantius*, aere citatis *Lachmann* (aere *iam 1473*): erocitatis *O*, crocitatis *X* (al. ere citatis *R*)   an animum *V: corr.* ε   19 cedit *G* (cedat al. cedit *g*)

Phrygiam ad domum Cybebes, Phrygia ad nemora deae,   20
ubi cymbalum sonat uox, ubi tympana reboant,
tibicen ubi canit Phryx curuo graue calamo,
ubi capita Maenades ui iaciunt hederigerae,
ubi sacra sancta acutis ululatibus agitant,
ubi sueuit illa diuae uolitare uaga cohors,   25
quo nos decet citatis celerare tripudiis.'

   simul haec comitibus Attis cecinit notha mulier,
thiasus repente linguis trepidantibus ululat,
leue tympanum remugit, caua cymbala recrepant,
uiridem citus adit Idam properante pede chorus.   30
furibunda simul anhelans uaga uadit animam agens
comitata tympano Attis per opaca nemora dux,
ueluti iuuenca uitans onus indomita iugi;
rapidae ducem sequuntur Gallae properipedem.
itaque, ut domum Cybebes tetigere lassulae,   35
nimio e labore somnum capiunt sine Cerere.
piger his labante languore oculos sopor operit;
abit in quiete molli rabidus furor animi.
sed ubi oris aurei Sol radiantibus oculis
lustrauit aethera album, sola dura, mare ferum,   40
pepulitque noctis umbras uegetis sonipedibus,
ibi Somnus excitam Attin fugiens citus abiit;
trepidante eum recepit dea Pasithea sinu.

38 *citat sub uoce 'rabidus' Festus p.* 338 *L.*

20 (*similiter* 35, 84, 91) Cybebes *Bentley*: cibelles *O*, cibeles *X*
23 menade sui *V* ederigere *Calph.*: ei derigere *V*   27 actis ζη: atris *V*
notha *O*, nota *X*:,noua η   28 thiasus δ: thiasis *O*, -iis *X*   31 ani-
mam agens *Lachmann*: animagens *V* (*quid G1, non liquet*)   32 actis *V*
33 iugi *1472*: luci *V*   34 rapide *V*   propere pedem *V*:` corr.
B. Venator*   38 abiit *X*   mollis *V*: *corr.* θ   39 horis aureis *V*:
corr. θ   42 excitam *Lachmann*: excitum *V*   43 trepidantem *r*
eum α: cum *V*   pasitheo *V*: *corr.* ζ

ita de quiete molli rapida sine rabie
simul ipsa pectore Attis sua facta recoluit,   45
liquidaque mente uidit sine quis ubique foret,
animo aestuante rusum reditum ad uada tetulit.
ibi maria uasta uisens lacrimantibus oculis,
patriam allocuta maestast ita uoce miseriter.

'patria o mei creatrix, patria o mea genetrix,   50
ego quam miser relinquens, dominos ut erifugae
famuli solent, ad Idac tetuli nemora pedem,
ut aput niuem et ferarum gelida stabula forem,
et earum omnia adirem furibunda latibula,
ubinam aut quibus locis te positam, patria, reor?   55
cupit ipsa pupula ad te sibi derigere aciem,
rabie fera carens dum breue tempus animus est.
egone a mea remota haec ferar in nemora domo?
patria, bonis, amicis, genitoribus abero?
abero foro, palaestra, stadio et gyminasiis?   60
miser a miser, querendum est etiam atque etiam, anime.
quod enim genus figuraest, ego non quod obierim?
ego mulier, ego adolescens, ego ephebus, ego puer,
ego gymnasi fui flos, ego eram decus olei:
mihi ianuae frequentes, mihi limina tepida,   65
mihi floridis corollis redimita domus erat,
linquendum ubi esset orto mihi Sole cubiculum.

45 ipsa *B. Guarinus*: ipse *V*   attis *G*, actis *R*, atris *O*   46 sineque
is *O*, sineque his *X*   47 aestuante *γ et* rusum *Victorius*: estuanter usum *V*
retulit *V*: *corr. Calph.*   49 maestast ita uoce miseriter *Auantius*[3]: est
ita uoce miseritus (al. miseriter *Rmg*) maiestas (magestates *O*, maiestas
al. maiestates *R*) *V*   52 tetuli *O*, retuli *X*   53 apud *ε*: caput *V*
(capud *R*)   stabilia *V*: *corr. r* (stabilla *mg*)   54 earum omnia *multis
suspectum*   55 patriam *O*   56 pupula *η*: popula *V*   ad te *β*: atte *V*
60 guminasiis *Ellis*: gummasiis *O*, ginnasiis *X* (gymn- *g*)   61 a] ha *O*,
ah *X* (*cf.* lxiv. 71)   62 figuraest *Lachmann*: figura est *V*   quid abierim
V: *corr. Statius*   64 gimnasti *V*   sui *X*   oley *V*   66 corolis
Calph.: circulis *V*   67 liquendum *V*   sole *ζ*: solo *V*

ego nunc deum ministra et Cybeles famula ferar?
ego Maenas, ego mei pars, ego uir sterilis ero?
ego uiridis algida Idae niue amicta loca colam? 70
ego uitam agam sub altis Phrygiae columinibus,
ubi cerua siluicultrix, ubi aper nemoriuagus?
iam iam dolet quod egi, iam iamque paenitet.'

roseis ut huic labellis sonitus ⟨citus⟩ abiit,
geminas deorum ad aures noua nuntia referens, 75
ibi iuncta iuga resoluens Cybele leonibus
laeuumque pecoris hostem stimulans ita loquitur.
'agedum', inquit 'age ferox ⟨i⟩, fac ut hunc furor ⟨agitet⟩,
fac uti furoris ictu reditum in nemora ferat,
mea libere nimis qui fugere imperia cupit. 80
age caede terga cauda, tua uerbera patere,
fac cuncta mugienti fremitu loca retonent,
rutilam ferox torosa ceruice quate iubam.'
ait haec minax Cybebe religatque iuga manu.
ferus ipse sese adhortans rapidum incitat animo, 85
uadit, fremit, refringit uirgulta pede uago.
at ubi umida albicantis loca litoris adiit,
teneramque uidit Attin prope marmora pelagi,
facit impetum. illa demens fugit in nemora fera;
ibi semper omne uitae spatium famula fuit. 90

68 nunc *Santen*: nec *V*   ferar γ: ferarum *V*   70 niue *Calph.*:
nene *V*   71 columnibus *V*: corr. θ   74 huic θ: hinc *V* (*fort. recte*)
citus *add. Bentley*   abiit η: adiit *V*   75 adauris *O*   76 ibi ζ: ubi *V*
77 pecoris *cod. Vaticanus lat.* 1608: pectoris *V*   78 i *add. Scaliger*
face *ed. Rom.* (*idem* 79 *et* 82)   agitet *add. ed. Cantabrigiensis anni mdccii*
79 uti *Lachmann*, ut hunc ζη: ut *V*   ictu ri: istum *V*   81 a çede *G*
(al. age cede *add. g*)   tergo *X*   ueruera *V* (uerum uera *legerunt*
OX): corr. *Calph.*   85 adhortans *Aldina altera*: adortalis *O*, adhorta
lis *X* (adorta lis *r*)   87 bumida *O*, humida *X*   88 teneramque
Lachmann (*cf.* 42, 45, 89; *an recte, dubitari potest*): tenerumque *V*   actin
R   marmorea pelago *V*: corr. γ   89 facit *Calph.*: ficit *O*, fecit *X*
illa *Lachmann*: ille *V*   90 omne *X*, esse *O*

dea, magna dea, Cybebe, dea domina Dindymi,
procul a mea tuos sit furor omnis, era, domo:
alios age incitatos, alios age rabidos.

LXIV

PELIACO quondam prognatae uertice pinus
dicuntur liquidas Neptuni nasse per undas
Phasidos ad fluctus et fines Aeeteos,
cum lecti iuuenes, Argiuae robora pubis,
auratam optantes Colchis auertere pellem   5
ausi sunt uada salsa cita decurrere puppi,
caerula uerrentes abiegnis aequora palmis.
diua quibus retinens in summis urbibus arces
ipsa leui fecit uolitantem flamine currum,
pinea coniungens inflexae texta carinae.   10
illa rudem cursu prima imbuit Amphitriten;
quae simul ac rostro uentosum proscidit aequor
tortaque remigio spumis incanuit unda,
emersere freti candenti e gurgite uultus
aequoreae monstrum Nereides admirantes.   15
illa, atque ⟨haud⟩ alia, uiderunt luce marinas
mortales oculis nudato corpore Nymphas
nutricum tenus exstantes e gurgite cano.

LXIV 1 *citat Marius Victorinus, ars gramm. (p.* 125 *K.).*

---

91 dindimei *V* (-menei *mg*)   92 tuos *Ellis* (tuus *iam* δ): tuo *V*
93 rabidos θ: rapidos *V*
   LXIV 1 pelliaco *V*   2 neptumni *rmg*   3 fasidicos *O*, fascidicos
X: al. phasidos *add. (nisi fallor) rmg*   aeetheios *Parth.*: ceticos *O* (al.
tetidicos *in margine*), oeticos *X*   4 pupis *O*, puppis *X*   7 uerentes
V: *corr. rmg*   10 testa *X*   11 prima β: proram *O*, primam *X*
amphitritem *X* (al. amphitrionem *R*), aphitritem *O* (-te *O corr.*)   12
procidit *V*: *corr. Rmg*   13 totaque *V*: *corr. Auantius*3   incanuit
Aldina: incanduit *V*   14 freti *Schrader*: feri *V*   16 atque haud
Bergk, alia atque *Vahlen*: atque *X*, *om. O*   uidere *V*: *corr.* ζη

tum Thetidis Peleus incensus fertur amore,
tum Thetis humanos non despexit hymenaeos,   20
tum Thetidi pater ipse iugandum Pelea sensit.
o nimis optato saeclorum tempore nati
heroes, saluete, deum genus! o bona matrum
progenies, saluete iter⟨um . . .   23b
uos ego saepe, meo uos carmine compellabo.
teque adeo eximie taedis felicibus aucte,   25
Thessaliae columen Peleu, cui Iuppiter ipse,
ipse suos diuum genitor concessit amores;
tene Thetis tenuit pulcerrima Nereine?
tene suam Tethys concessit ducere neptem,
Oceanusque, mari totum qui amplectitur orbem?   30
   quae simul optatae finito tempore luces
aduenere, domum conuentu tota frequentat
Thessalia, oppletur laetanti regia coetu:
dona ferunt prae se, declarant gaudia uultu.
deseritur Cieros, linquunt Pthiotica Tempe   35
Crannonisque domos ac moenia Larisaea,
Pharsalum coeunt, Pharsalia tecta frequentant.
rura colit nemo, mollescunt colla iuuencis,
non humilis curuis purgatur uinea rastris,
non glebam prono conuellit uomere taurus,   40

23 *Scholia Veronensia ad Verg. aen.* v. 80 Catullus: Saluete deum gens
o bona matrum progenies saluete iter . . . .

19 tum *X*, cum *O*   20 tum *m*: cum *V*   21 tum *Aldina*: cum *V*
sensit *V*: sanxit *Pontanus*   22 seclorum *r*: seculorum *V*   23 gens
Madvig   matrum *scholia Vergiliana*: mater *V* (al. matre *Rmg*)   23b
om. *V*: *ex scholiis huc reuocauit Orioli*   25 tedis *O*, thetis *X*   28
nereine *Haupt*: nectine *V* (al. neptine al. neutumne *R*, al. neptine *mg*)
29 tethys *γ*: thetis *V*   31 optate *ζ*: optato *V*   finite *O*   32
aduenere *ζη*: adlenire *V*   35 cieros *Meineke*, scyros *η*: siros *O*, syros *X*
36 graumonisque *O*, graiunonisque *X*: *corr. Victorius*   moenia larissea *θ*:
nicenis alacrissea (-isea *X*) *V*   37 Pharsalum *Pontanus*: farsaliam *V*

non falx attenuat frondatorum arboris umbram,
squalida desertis rubigo infertur aratris.
ipsius at sedes, quacumque opulenta recessit
regia, fulgenti splendent auro atque argento.
candet ebur soliis, collucent pocula mensae,   45
tota domus gaudet regali splendida gaza.
puluinar uero diuae geniale locatur
sedibus in mediis, Indo quod dente politum
tincta tegit roseo conchyli purpura fuco.

haec uestis priscis hominum uariata figuris   50
heroum mira uirtutes indicat arte.

namque fluentisono prospectans litore Diae,
Thesea cedentem celeri cum classe tuetur
indomitos in corde gerens Ariadna furores,
necdum etiam sese quae uisit uisere credit,   55
utpote fallaci quae tum primum excita somno
desertam in sola miseram se cernat harena.
immemor at iuuenis fugiens pellit uada remis,
irrita uentosae linquens promissa procellae.
quem procul ex alga maestis Minois ocellis,   60
saxea ut effigies bacchantis, prospicit, eheu,
prospicit et magnis curarum fluctuat undis,
non flauo retinens subtilem uertice mitram,
non contecta leui uelatum pectus amictu,
non tereti strophio lactentis uincta papillas,   65
omnia quae toto delapsa e corpore passim

65 *Isidorus, etym.* xix. 33. 3 (strophium) de quo ait Cinna 'strofio
lactantes cincta papillas'.

---

43 at *cod. Parisinus lat.* 8234: ad *V*   52 litora *R*   die ε: dia *OR*,
dya *G*   54 adriana *V*: *corr.* η   55 quae uisit uisere *Vossius*: -que
sui tui se *V*   56 tum *X*, tunc *O*   61 saxea *rmg*: saxa *V*   eheu
Bergk, euoe *Aldina*: heue *V*   62 et *rmg*: con *O, quid G et R latet*
64 contenta *O*   66 delapsa e ζη: delapse *O*, delapso *G*, delapso e *R*

ipsius ante pedes fluctus salis alludebant.
sed neque tum mitrae neque tum fluitantis amictus
illa uicem curans toto ex te pectore, Theseu,
toto animo, tota pendebat perdita mente.　　　　　70
a misera, assiduis quam luctibus externauit
spinosas Erycina serens in pectore curas,
illa tempestate, ferox quo ex tempore Theseus
egressus curuis e litoribus Piraei
attigit iniusti regis Gortynia templa.　　　　　75

　　nam perhibent olim crudeli peste coactam
Androgeoneae poenas exsoluere caedis
electos iuuenes simul et decus innuptarum
Cecropiam solitam esse dapem dare Minotauro.
quis angusta malis cum moenia uexarentur,　　　　80
ipse suum Theseus pro caris corpus Athenis
proicere optauit potius quam talia Cretam
funera Cecropiae nec funera portarentur.
atque ita naue leui nitens ac lenibus auris
magnanimum ad Minoa uenit sedesque superbas.　　85
hunc simul ac cupido conspexit lumine uirgo
regia, quam suauis exspirans castus odores
lectulus in molli complexu matris alebat,
quales Eurotae praecingunt flumina myrtus
auraue distinctos educit uerna colores,　　　　　90
non prius ex illo flagrantia declinauit

71–72 *citat sub uoce 'externauit' Nonius p.* 154 *L.*

68 sed ζη, sic *Vahlen*: si *V*　　　tum *bis*] tamen Ω　　　69 te *om.* O
71 a] ha O, ah X　　　73 ferox quo ex *Italos secutus Lachmann* (quo η):
feroxque et *V*　　　75 cortinia *V*: *corr. Pall.*　　　templa ε, 'alibi tecta
legitur' *Parth.*: tempta *V*　　　77 cum androgeanee (-ne O) *V*: -oneae
η, cum *del. Calph.*　　　80 moenia] incenia O　　　82 prohicere O,
proiicere X　　　89 eurotae *1472*: europe *V*　　　praecingunt *Baehrens*,
progignunt θ: pergignunt *V*　　　mirtos O, mirtus X (al. -tos R)

lumina, quam cuncto concepit corpore flammam
funditus atque imis exarsit tota medullis.
heu misere exagitans immiti corde furores
sancte puer, curis hominum qui gaudia misces,   95
quaeque regis Golgos quaeque Idalium frondosum,
qualibus incensam iactastis mente puellam
fluctibus, in flauo saepe hospite suspirantem!
quantos illa tulit languenti corde timores!
quanto saepe magis fulgore expalluit auri,   100
cum saeuum cupiens contra contendere monstrum
aut mortem appeteret Theseus aut praemia laudis!
non ingrata tamen frustra munuscula diuis
promittens tacito succepit uota labello.
nam uelut in summo quatientem brachia Tauro   105
quercum aut conigeram sudanti cortice pinum
indomitus turbo contorquens flamine robur,
eruit (illa procul radicitus exturbata
prona cadit, late quaeuis cumque obuia frangens),
sic domito saeuum prostrauit corpore Theseus   110
nequiquam uanis iactantem cornua uentis.
inde pedem sospes multa cum laude reflexit
errabunda regens tenui uestigia filo,
ne labyrintheis e flexibus egredientem
tecti frustraretur inobseruabilis error.   115
    sed quid ego a primo digressus carmine plura
commemorem, ut linquens genitoris filia uultum,
ut consanguineae complexum, ut denique matris,

96 quaeque (r⁰) β: quod neque O, quique X   golgos *Hermolaus
Barbarus teste Mureto, teste Statio Petrus Bembus*: cholcos O, colchos X
100 quanto] quam tum *Faernus*   102 oppeteret X   104 succepit
Statius (subscepit *Laetus*): succendit V   105 uelut] uult O
106 cornigeram V: *corr.* θ   sudanti *rmg*: fundanti V   109 late
quaeuis cumque *Ellis*: lateque cum eius V   obuia O, omnia al.
obuia X   114 laberinthis O, -theis X   116 a r: cum V

quae misera in gnata deperdita laeta⟨batur⟩,
omnibus his Thesei dulcem praeoptarit amorem: 120
aut ut uecta rati spumosa ad litora Diae
⟨uenerit,⟩ aut ut eam deuinctam lumina somno
liquerit immemori discedens pectore coniunx?
saepe illam perhibent ardenti corde furentem
clarisonas imo fudisse e pectore uoces,   125
ac tum praeruptos tristem conscendere montes,
unde aciem ⟨in⟩ pelagi uastos protenderet aestus,
tum tremuli salis aduersas procurrere in undas
mollia nudatae tollentem tegmina surae,
atque haec extremis maestam dixisse querellis,   130
frigidulos udo singultus ore cientem:
'sicine me patriis auectam, perfide, ab aris,
perfide, deserto liquisti in litore, Theseu?
sicine discedens neglecto numine diuum,
immemor a! deuota domum periuria portas?   135
nullane res potuit crudelis flectere mentis
consilium? tibi nulla fuit clementia praesto,
immite ut nostri uellet miserescere pectus?
at non haec quondam blanda promissa dedisti
uoce mihi, non haec miserae sperare iubebas,   140
sed conubia laeta, sed optatos hymenaeos,

---

119 ingnata *V* (ignata *R*)   laetabatur *Lachmann*: leta *V*   120
praeoptarit *Statius* (-ret *iam Laetus*, -uit *θ*): portaret *V*   121 ut *om.*
O   uecta *Rmg*: necta *V*   rati *Passerat*: ratis *V*   122 uenerit *add.*
Lachmann   ratis . . ., / aut ut eam placido *Laetus*   deuinctam
Laetus, deuictam *η*: deuincta *V*   123 inmemori *G* (al. nemori *add. g*)
125 e *X*, ex *O*   126 tristem *ζ*: tristes *V*   127 in *add.* *ζη*
protenderet *R*: pretenderet *V*   130 hoc *R(X?)*   132 patris
O   auectam *rg* (al. auectam *m*): auertam *V*   133 in *om.* *O*
134 discendens *G*   135 a] ha *O*, ah *X*   136 nullaue *V*: corr. *β*
crudeles . . . mentes *V*: corr. *rmg*   138 mirescere *O*, mitescere *X*:
corr. *Calpb.*   139 blanda *O*, nobis *X*   140 non *β*: nec *V*
misere *V*: miseram *1472*

quae cuncta aerii discerpunt irrita uenti.

nunc iam nulla uiro iuranti femina credat,
nulla uiri speret sermones esse fideles;
quis dum aliquid cupiens animus praegestit apisci,   145
nil metuunt iurare, nihil promittere parcunt:
sed simul ac cupidae mentis satiata libido est,
dicta nihil metuere, nihil periuria curant.

certe ego te in medio uersantem turbine leti
eripui, et potius germanum amittere creui,   150
quam tibi fallaci supremo in tempore dessem.

pro quo dilaceranda feris dabor alitibusque
praeda, neque iniacta tumulabor mortua terra.

quaenam te genuit sola sub rupe leaena,
quod mare conceptum spumantibus exspuit undis,   155
quae Syrtis, quae Scylla rapax, quae uasta Carybdis,
talia qui reddis pro dulci praemia uita?

si tibi non cordi fuerant conubia nostra,
saeua quod horrebas prisci praecepta parentis,
attamen in uestras potuisti ducere sedes,   160
quae tibi iucundo famularer serua labore,
candida permulcens liquidis uestigia lymphis,
purpureaue tuum consternens ueste cubile.

sed quid ego ignaris nequiquam conquerar auris,
externata malo, quae nullis sensibus auctae   165
nec missas audire queunt nec reddere uoces?

ille autem prope iam mediis uersatur in undis,

142 disserpunt *X*, dess- *O*   143 nunc *B. Guarinus*, hinc *Froeblich*:
tum *V*   144 fidelis *O*   145 quis *V* (*supra scripto pro* quibus *X*):
qui *r*   postgestit *V*: *corr. rmg*   adipisci *V*: *corr. O et Rmg*   149
lecti *O*   153 praeda] p'ea (postea) *O*   iniacta *Ellis* (iniecta *iam
Calph.*): intacta *V*   156 sirtix *O*   scilla *O*, silla *X*   157 taliaque
redis *O*   159 peremtis *O*   160 nostras *O*   *Post u.* 160 *collocat
u.* 163 *O*   164 sed *X*, si *O*   auris *rmg* (aureis *Baehrens*): aures *V*
165 extenuata *X*   aucte *V* (aucto *al.* -te *m, al.* -to *add. g*)

nec quisquam apparet uacua mortalis in alga.
sic nimis insultans extremo tempore saeua
fors etiam nostris inuidit questibus auris.   170
Iuppiter omnipotens, utinam ne tempore primo
Cnosia Cecropiae tetigissent litora puppes,
indomito nec dira ferens stipendia tauro
perfidus in Cretam religasset nauita funem,
nec malus hic celans dulci crudelia forma   175
consilia in nostris requiesset sedibus hospes!
nam quo me referam? quali spe perdita nitor?
Idaeosne petam montes? at gurgite lato
discernens ponti truculentum diuidit aequor.
an patris auxilium sperem? quemne ipsa reliqui   180
respersum iuuenem fraterna caede secuta?
coniugis an fido consoler memet amore?
quine fugit lentos incuruans gurgite remos?
praeterea nullo colitur sola insula tecto,
nec patet egressus pelagi cingentibus undis.   185
nulla fugae ratio, nulla spes: omnia muta,
omnia sunt deserta, ostentant omnia letum.
non tamen ante mihi languescent lumina morte,
nec prius a fesso secedent corpore sensus,
quam iustam a diuis exposcam prodita multam   190
caelestumque fidem postrema comprecer hora.

171–2 *citat Macrobius, sat.* vi. 1. 42.

___

171 ne *V*: non *Macrobius*   174 creta *O, fort. recte*   175 hic
X, haec *Ω*   176 consilia in *η*: consilium (consc- *R*) *V*   nostris *om. O*
requiesset *η*: requisisset *V*   177 nitar *r*   178 Idaeosne *B.*
Guarinus et Parth.: idoneos (idoneos *al.* idmoneos *X*) ne *V*   at *Mure-*
tus, ah *B. Guarinus*: a *V*   179 ponti *O,* pontum *X*   ubi diuidit
V: ubi *del. Auantius*³   180 an patris *Rmg*: impatris *O,* in patris *G*
quem ne] quem uae *r*   182 consoles me manet *O*   183 quiue *X*
lentos *O,* uentos *X*   184 colitur *A. Palmer*: litus *V*   185 pater *R*
190 muletam *O,* mulctam *X*   191 comprecor *V*: *corr.* ζη

65

quare facta uirum multantes uindice poena
Eumenides, quibus anguino redimita capillo
frons exspirantis praeportat pectoris iras,
huc huc aduentate, meas audite querellas,   195
quas ego, uae misera, extremis proferre medullis
cogor inops, ardens, amenti caeca furore.

quae quoniam uerae nascuntur pectore ab imo,
uos nolite pati nostrum uanescere luctum,
sed quali solam Theseus me mente reliquit,   200
tali mente, deae, funestet seque suosque.'

  has postquam maesto profudit pectore uoces,
supplicium saeuis exposcens anxia factis,
annuit inuicto caelestum numine rector;
quo motu tellus atque horrida contremuerunt   205
aequora concussitque micantia sidera mundus.

ipse autem caeca mentem caligine Theseus
consitus oblito dimisit pectore cuncta,
quae mandata prius constanti mente tenebat,
dulcia nec maesto sustollens signa parenti   210
sospitem Erectheum se ostendit uisere portum.

namque ferunt olim, classi cum moenia diuae
linquentem gnatum uentis concrederet Aegeus,
talia complexum iuueni mandata dedisse:
'gnate mihi longa iucundior unice uita,   215
gnate, ego quem in dubios cogor dimittere casus,
reddite in extrema nuper mihi fine senectae,
quandoquidem fortuna mea ac tua feruida uirtus

  192 mulctantes *V*   195 meas *O*, et meas *X* (*corr. rmg*)   198 uere
V   200 quali solam ζη (solam *iam r*): qualis sola *V*   201 fune-
stent *r*   204 inuito *V*: corr. α   205 quo motu *Heyse*:
quō (quomodo) tunc *V*   207 mentem θ, mentis η: mente *V*
211 Erechtheum *Vossius*: ereptum *V*   212 moenico *V*: corr. *r*
die *r*   213 cum crederet egens *V*: corr. *r*   215 longe *Hoeufft*
217 extremae *r*.

eripit inuito mihi te, cui languida nondum
lumina sunt gnati cara saturata figura,   220
non ego te gaudens laetanti pectore mittam,
nec te ferre sinam fortunae signa secundae,
sed primum multas expromam mente querellas,
canitiem terra atque infuso puluere foedans,
inde infecta uago suspendam lintea malo,   225
nostros ut luctus nostraeque incendia mentis
carbasus obscurata dicet ferrugine Hibera.
quod tibi si sancti concesserit incola Itoni,
quae nostrum genus ac sedes defendere Erecthei
annuit, ut tauri respergas sanguine dextram,   230
tum uero facito ut memori tibi condita corde
haec uigeant mandata, nec ulla oblitteret aetas;
ut simul ac nostros inuisent lumina collis,
funestam antennae deponant undique uestem,
candidaque intorti sustollant uela rudentes,   235
quam primum cernens ut laeta gaudia mente
agnoscam, cum te reducem aetas prospera sistet.'
haec mandata prius constanti mente tenentem
Thesea ceu pulsae uentorum flamine nubes
aereum niuei montis liquere cacumen.   240
at pater, ut summa prospectum ex arce petebat,
anxia in assiduos absumens lumina fletus,
cum primum infecti conspexit lintea ueli,
praecipitem sese scopulorum e uertice iecit,

219 cui *O,* quem *X* (cui *rm,* al: cui *add. g*)   224 infulso *V*:
corr. rmg   227 obscura *r*   228 Itoni *A Guarinus*: ithomi
O, ythomi *X*   229 ac ζ: has *V*   Erechthei *Vossius*: freti *V*
230 annuat *r*   231 tum *O,* tu *X*   232 obliferet al. oblitteret *mg*
233 ac ζ: hec *V*   234 antennene ne *ut uidetur V*: corr. *Rmg*   235
sustollant *rmg*: sustolant (subs- *G*) *V*   237 aetas *V*: sors *A. Guarinus*
sistet *O,* sistens *G,* sistant *R*: sistent *rmg*   239 ceu *rmg*: seu *V*
243 infecti *Sabellicus (teste Auantio) et B. Guarinus*: inflati *V*

amissum credens immiti Thesea fato.   245
sic funesta domus ingressus tecta paterna
morte ferox Theseus, qualem Minoidi luctum
obtulerat mente immemori, talem ipse recepit.
quae tum prospectans cedentem maesta carinam
multiplices animo uoluebat saucia curas.   250
    at parte ex alia florens uolitabat Iacchus
cum thiaso Satyrorum et Nysigenis Silenis,
te quaerens, Ariadna, tuoque incensus amore.

· · · · · · · · · ·

quae tum alacres passim lymphata mente furebant
euhoe bacchantes, euhoe capita inflectentes.   255
harum pars tecta quatiebant cuspide thyrsos,
pars e diuolso iactabant membra iuuenco,
pars sese tortis serpentibus incingebant,
pars obscura cauis celebrabant orgia cistis,
orgia quae frustra cupiunt audire profani;   260
plangebant aliae proceris tympana palmis,
aut tereti tenuis tinnitus aere ciebant;
multis raucisonos efflabant cornua bombos
barbaraque horribili stridebat tibia cantu.

    talibus amplifice uestis decorata figuris   265
puluinar complexa suo uelabat amictu.
quae postquam cupide spectando Thessala pubes
expleta est, sanctis coepit decedere diuis.
hic, qualis flatu placidum mare matutino

245 facto *O*   247 minoidi *ut uidetur* r: minoida *V*   249 quae]
quem *G1*   tum *r*: tamen *V*   prospectans *V* (prospectans al. aspectans
R, aspectans al. prospectans *m*, aspectans *g*)   251 parte δ: pater
V   252 cum] tum *O*   253 te *rmg*: et *V*   adriana *V*: corr. η
254 quae *Bergk, unum uersum excidisse ratus*: qui *V*   255 euhoe . . .
euhoe α: euche . . . euche *V* (euohe *rmg*)   262 tintinitus *X (corr.
rmg)*   263 multi *V*: corr. *Auantius*3   efflebant *V*: corr. β   267
thesalia *X (corr. rmg)*   269 hec *O*

68

horrificans Zephyrus procliuas incitat undas,   270
Aurora exoriente uagi sub limina Solis,
quae tarde primum clementi flamine pulsae
procedunt leuiterque sonant plangore cachinni,
post uento crescente magis magis increbescunt,
purpureaque procul nantes ab luce refulgent: 275
sic tum uestibuli linquentes regia tecta
ad se quisque uago passim pede discedebant.
quorum post abitum princeps e uertice Pelei
aduenit Chiron portans siluestria dona:
nam quoscumque ferunt campi, quos Thessala magnis 280
montibus ora creat, quos propter fluminis undas
aura parit flores tepidi fecunda Fauoni,
hos indistinctis plexos tulit ipse corollis,
quo permulsa domus iucundo risit odore.
confestim Penios adest, uiridantia Tempe,   285
Tempe, quae siluae cingunt super impendentes,
†Minosim linquens †doris celebranda choreis,
non uacuos: namque ille tulit radicitus altas
fagos ac recto proceras stipite laurus,
non sine nutanti platano lentaque sorore   290
flammati Phaethontis et aerea cupressu.
haec circum sedes late contexta locauit,

270 procliuit *Oı*   271 sub limina β: sublimia *V*   273 leuiterque
Or, leuiter *X*: leni θ   resonant ηθ   275 refulgens *V*: corr. *r*   276
tum β: tamen *O*, tamen al. tibi *X*   linquentis *V*: corr. *r*   277 ad θ:
at *V* (a *r*)   278 habitum *X* (corr. *g*)   280 quoscumque *ut uidetur*
r: quodcumque *V*   campis *V*: corr. *r*   thesala *X*, thesalia *O*
282 aurea *V*: corr. *rmg*   parit *g*, perit *V* (*nisi fallor*): aperit *Housman*
283 corulis *V*, curulis al. corollis *Rmg*   284 quo cod. *Berolinensis*
anni mcccclxiii, quis *r*: quod *O*, quot *X*   285 penies *V* (penios *r*, penies
al. -os *mg*)   adest ut *V*: corr. *r*   287 minosim *V*: Haemonisin
Heinsius, alii alia   doris *V*; *locus multum uexatus*   288 non uacuos
Bergk (-uus *iam B. Guarinus*): non accuos *O*, non acuos al. nonacrios (-as
Gr) *X*   290 mutanti *V*: corr. *rmg*   sororum *V*: corr. *r*   291
flamati *O*, flamanti *X*   phetontis *V*   292 contesta *V* (*corr. R*)

uestibulum ut molli uelatum fronde uireret.
post hunc consequitur sollerti corde Prometheus,
extenuata gerens ueteris uestigia poenae, 295
quam quondam silici restrictus membra catena
persoluit pendens e uerticibus praeruptis.
inde pater diuum sancta cum coniuge natisque
aduenit caelo, te solum, Phoebe, relinquens
unigenamque simul cultricem montibus Idri: 300
Pelea nam tecum pariter soror aspernata est,
nec Thetidis taedas uoluit celebrare iugalis.

qui postquam niueis flexerunt sedibus artus,
large multiplici constructae sunt dape mensae,
cum interea infirmo quatientes corpora motu 305
ueridicos Parcae coeperunt edere cantus.
his corpus tremulum complectens undique uestis
candida purpurea talos incinxerat ora,
at roseae niueo residebant uertice uittae,
aeternumque manus carpebant rite laborem. 310
laeua colum molli lana retinebat amictum,
dextera tum leuiter deducens fila supinis
formabat digitis, tum prono in pollice torquens
libratum tereti uersabat turbine fusum,
atque ita decerpens aequabat semper opus dens, 315
laneaque aridulis haerebant morsa labellis,
quae prius in leui fuerant exstantia filo:
ante pedes autem candentis mollia lanae
uellera uirgati custodibant calathisci.

293 uellatum *V*: corr. *rmg*   296 quam ζ: qua *V*   298 diui *V*:
corr. *m*   natisque α: gnatisque *V* (gratisque *m*, al. gratis *add. g*)
300 ydri *V* (*uerum adhuc latere suspicor*)   301 palea *V* (*corr. G*)
307 his] hic *m*, al. hic *add. g*   uestis *Parth.*: questus *V*   308 talos
B. Guarinus: tuos *V*   intinxerat *OR*   309 roseae niueo '*alii*'
apud A. Guarinum: roseo niuee (uinee *O*) *V*   311 collum *V*: corr.
rmg   313 police *V*   319 custodiebant *X*

haec tum clarisona pellentes uellera uoce   320
talia diuino fuderunt carmine fata,
carmine, perfidiae quod post nulla arguet aetas.

  o decus eximium magnis uirtutibus augens,
Emathiae tutamen, Opis carissime nato,
accipe, quod laeta tibi pandunt luce sorores,   325
ueridicum oraclum: sed uos, quae fata sequuntur,
  currite ducentes subtegmina, currite, fusi.
adueniet tibi iam portans optata maritis
Hesperus, adueniet fausto cum sidere coniunx,
quae tibi flexanimo mentem perfundat amore,   330
languidulosque paret tecum coniungere somnos,
leuia substernens robusto brachia collo.
  currite ducentes subtegmina, currite, fusi.
nulla domus tales umquam contexit amores,
nullus amor tali coniunxit foedere amantes,   335
qualis adest Thetidi, qualis concordia Peleo.
  currite ducentes subtegmina, currite, fusi.
nascetur uobis expers terroris Achilles,
hostibus haud tergo, sed forti pectore notus,
qui persaepe uago uictor certamine cursus   340
flammea praeuertet celeris uestigia ceruae.
  currite ducentes subtegmina, currite, fusi.
non illi quisquam bello se conferet heros,
cum Phrygii Teucro manabunt sanguine ⟨campi,⟩

---

327 *citat Macrobius, sat.* vi. 1. 41.

---

320 pellentes *V*, uix recte: uellentes *Fruterius*, pectentes *Statius*
324 tutum opus *O*, tutum opus al. tu tamen opis *X*: expediuit *Houtman*
326 oraculum *V*   facta *O*   328 aptata *V*: corr. *rmg*   330 uersum
om. *O*   flexo animo *X*   mentis p. amorem *X*: corr. *Muretus*
331 sonos *V*: corr. *β*   332 leuia] uenia *O*   334 umquam tales
V: corr. cod. *Oxoniensis Laudianus anni mcccclx*   341 preuertet *β*:
peruertet *O*, preuertit *X*   344 teucro] teuero *ut uidetur G1*
campi *Statius*, riui *Calph.*, trunci *β*: teuen *O*, tenen *G*, tenen al. teuen *R*

Troicaque obsidens longinquo moenia bello,   345
periuri Pelopis uastabit tertius heres.

   currite ducentes subtegmina, currite, fusi.
illius egregias uirtutes claraque facta
saepe fatebuntur gnatorum in funere matres,
cum incultum cano soluent a uertice crinem,   350
putridaque infirmis uariabunt pectora palmis.

   currite ducentes subtegmina, currite, fusi.
namque uelut densas praecerpens messor aristas
sole sub ardenti flauentia demetit arua,
Troiugenum infesto prosternet corpora ferro.   355

   currite ducentes subtegmina, currite, fusi.
testis erit magnis uirtutibus unda Scamandri,
quae passim rapido diffunditur Hellesponto,
cuius iter caesis angustans corporum aceruis
alta tepefaciet permixta flumina caede.   360

   currite ducentes subtegmina, currite, fusi.
denique testis erit morti quoque reddita praeda,
cum teres excelso coaceruatum aggere bustum
excipiet niueos perculsae uirginis artus.

   currite ducentes subtegmina, currite, fusi.   365
nam simul ac fessis dederit fors copiam Achiuis
urbis Dardaniae Neptunia soluere uincla,
alta Polyxenia madefient caede sepulcra;
quae, uelut ancipiti succumbens uictima ferro,
proiciet truncum summisso poplite corpus.   370

347 (*et saepius*) sub tegmine *R*   350 *ita Baehrens*, incuruo canos
. . . crines *Ellis*   incultum] in ciuos *O* (in ciuum *O corr.*), in ciuium
X: in cinerem β   canos *V*   soleunt *O*   crimen *O*, crines *X*
353 praecerpens *Statius*, prosternens η: precernens *V* (*quid G1, latet*)
messor *O*, cultor *X*   *Post u.* 354 *uersum excidisse censuit Vossius*
355 prosternet *V* (prosternens *Rmg*)   ferrum *O*   358 elesponto *V*
359 cessis *O*   360 flumina *V* (lumina *G*): flumine al. lumina uel
flumina *m*, al. flumine *add. g*   364 percussae *Parth.*   366 ac
ζ: hanc *V*   368 madefient η, mitescent ζ: madescent *V*

currite ducentes subtegmina, currite, fusi.
quare agite optatos animi coniungite amores.
accipiat coniunx felici foedere diuam,
dedatur cupido iam dudum nupta marito.

currite ducentes subtegmina, currite, fusi.   375
non illam nutrix orienti luce reuisens
hesterno collum poterit circumdare filo,   377
anxia nec mater discordis maesta puellae   379
secubitu caros mittet sperare nepotes.   380

currite ducentes subtegmina, currite, fusi.

talia praefantes quondam felicia Pelei
carmina diuino cecinerunt pectore Parcae.
praesentes namque ante domos inuisere castas
heroum, et sese mortali ostendere coetu,   385
caelicolae nondum spreta pietate solebant.
saepe pater diuum templo in fulgente reuisens,
annua cum festis uenissent sacra diebus,
conspexit terra centum procumbere tauros.
saepe uagus Liber Parnasi uertice summo   390
Thyiadas effusis euantis crinibus egit,
cum Delphi tota certatim ex urbe ruentes
acciperent laeti diuum fumantibus aris.
saepe in letifero belli certamine Mauors

---

372 animi] añ (ante) *O*   377 esterno *O*, externo *X*   378 currite ducentes subtegmina currite fusi *seclusit Bergk*   379–81 *om. O*   381 currite (2°)] ducite *X*: *corr. m*   383 cecinerunt β (*cf.* lxiv. 16), cecinere e *Baebrens*: cecinere *V* (cernere *O*)   385 heroum et *Sigicellus apud Statium* (et iam *1472*), saepius et *Calph.*: nereus *V*   *Post u.* 386 *exbibuit V* languidior tenera cul pedens (ʃɪʊ) oïcula beta (lxvii. 21): *eiecit Parth.*   387 reuisens *suspectum*: residens *Baebrens*   388 cum η: dum *V*   uenisset *V*: *corr.* η   389 terram *O*   procurrere (currus) γ   tauros *Italos secutus Lachmann*: currus *V*   391 thiadas *O*, thyadas *X*   ouantis *rmg*   392 certatum *V*: *corr.* α   tuentes *V*: *corr.* ζη   393 acciperet *V*: *corr.* ζη   lacti *V* (lacti al. leti *R*, leti al. lacti *m*, leti *g*)   spumantibus η   394 mauros *G*

aut rapidi Tritonis era aut Amarunsia uirgo　　　　395
armatas hominum est praesens hortata cateruas.
sed postquam tellus scelere est imbuta nefando
iustitiamque omnes cupida de mente fugarunt,
perfudere manus fraterno sanguine fratres,
destitit extinctos gnatus lugere parentes,　　　　400
optauit genitor primaeui funera nati,
liber ut innuptae poteretur flore nouercae,
ignaro mater substernens se impia nato
impia non uerita est diuos scelerare penates.
omnia fanda nefanda malo permixta furore　　　　405
iustificam nobis mentem auertere deorum.
quare nec talis dignantur uisere coetus,
nec se contingi patiuntur lumine claro.

LXV

ETSI me assiduo confectum cura dolore
　　seuocat a doctis, Ortale, uirginibus,
nec potis est dulcis Musarum expromere fetus
　　mens animi, tantis fluctuat ipsa malis—
namque mei nuper Lethaeo gurgite fratris　　　　5
　　pallidulum manans alluit unda pedem,
Troia Rhoeteo quem subter litore tellus
　　ereptum nostris obterit ex oculis.

.　　.　　.　　.　　.　　.　　.　　.

　　numquam ego te, uita frater amabilior,　　　　10

395 Amarunsia *Baehrens*, ramnusia *1472*: ramunsia *O*, ranusia *X* (*cf.*
lxvi. 71)　　　400 natos *X*　　　402 *uix sanum*, uti nuptae *Maehly*
potiretur *V* : *corr.* η　　nouellae *Baehrens*　　404 penates *1472* : parentes *V*
　　LXV 1 confectum *X* (al. defectum *R*), defectu *O*　　2 seuocat ζη :
sed uacat *V*　　3 dulcis musarum ζθ (dulces η): dulcissimus harum *V*
fretus *O* : fletus ϵ　　5 letheo θ, lethaeo in *Parth.*: loethi *O*, lethei *X*
fratris] factis *O* (*cf.* lxvi. 22)　　7 Tydia al. troya (troia *R*) *X*, Tidia
ut uidetur O　　retheo *O*, rhetheo *X*　　9 *uersum om. V*

aspiciam posthac? at certe semper amabo,
   semper maesta tua carmina morte canam,
qualia sub densis ramorum concinit umbris
   Daulias, absumpti fata gemens Ityli.—
sed tamen in tantis maeroribus, Ortale, mitto   15
   haec expressa tibi carmina Battiadae,
ne tua dicta uagis nequiquam credita uentis
   effluxisse meo forte putes animo,
ut missum sponsi furtiuo munere malum
   procurrit casto uirginis e gremio,   20
quod miserae oblitae molli sub ueste locatum,
   dum aduentu matris prosilit, excutitur,
atque illud prono praeceps agitur decursu,
   huic manat tristi conscius ore rubor.

LXVI

Omnia qui magni dispexit lumina mundi,
   qui stellarum ortus comperit atque obitus,
flammeus ut rapidi solis nitor obscuretur,
   ut cedant certis sidera temporibus,
ut Triuiam furtim sub Latmia saxa relegans   5
   dulcis amor gyro deuocet aereo:
idem me ille Conon caelesti in lumine uidit
   e Beroniceo uertice caesariem

---

11 at ζ: aut *V*   12 carmine *V*: corr. γ   canam ζ: tegam *V*
14 Bauilla *O*, Baiula *X* (al. Dauilas *R*, baiulas *g*)   assumpta *O*,
as(s)umpti *X* facta *O* ithilei *O*, ythilei *G*, ithiley *R*   16 bactiade
r: actiade *V*
   LXVI 1 despexit *V*: corr. *Calph.*   2 habitus *V*: corr. ε   4 cer-
tis] ceteris *O*   5 sub latmia *Calph.*: sublamina *O*, sublimia *G*, sub-
limia al. sublamia uel sublimina (sublamina *r*) *R*   religans *V*: corr. η
6 gyro *1472* (guro *Ellis*), cliuo ε: guioclero *V*   7 in lumine *Vossius*
(lumine *iam* ζ), in culmine *Maehly*: numine *V*   8 ebore niceo *V*:
corr. η

fulgentem clare, quam multis illa dearum
    leuia protendens brachia pollicita est,   10
qua rex tempestate nouo auctus hymenaeo
    uastatum finis iuerat Assyrios,
dulcia nocturnae portans uestigia rixae,
    quam de uirgineis gesserat exuuiis.
estne nouis nuptis odio Venus? anne parentum   15
    frustrantur falsis gaudia lacrimulis,
ubertim thalami quas intra limina fundunt?
    non, ita me diui, uera gemunt, iuerint.
id mea me multis docuit regina querellis
    inuisente nouo proelia torua uiro.   20
et tu non orbum luxti deserta cubile,
    sed fratris cari flebile discidium?
quam penitus maestas exedit cura medullas!
    ut tibi tunc toto pectore sollicitae
sensibus ereptis mens excidit! at ⟨te⟩ ego certe   25
    cognoram a parua uirgine magnanimam.
anne bonum oblita es facinus, quo regium adepta es
    coniugium, quod non fortior ausit alis?
sed tum maesta uirum mittens quae uerba locuta es!
    Iuppiter, ut tristi lumina saepe manu!   30
quis te mutauit tantus deus? an quod amantes
    non longe a caro corpore abesse uolunt?
atque ibi me cunctis pro dulci coniuge diuis

---

11 quare ex *V*: *corr. 1473*   12 uastum *V*: *corr.* ζη   ierat *V*:
corr. γ   15 anne θ: atque *V*   17 lumina *V*: *corr.* ζ   18 diui
β: diu *V*   iuuerint *V*: *corr. 1472*   21 et *O*, et al. at *X*
22 fratris] factis *O*   23 quam *Bentley*: cum *V*   24 ibi *G*   tunc
O, nunc al. tunc. *X*   solicitet *V*: *corr. 1473*   25 te *add. Auantius*[3]
26 magnanima *V*: *corr.* ζη   27 quo *Auantius*[3]: quam *V*   adepta es
Calph. (-ta's *Lachmann*): adeptos *O*, adeptus *X*   28 quo (*ita* ζ) non
fortius (*ita Iuntina*) *Muretus*   ausit '*antiqui codices*' *teste Petro Nicetto
apud Robortellum*: aut sit *V*   29 cum *O*   32 adesse *G*   33 me
Colotius: pro *V*

non sine taurino sanguine pollicita es,
si reditum tetulisset. is haut in tempore longo   35
  captam Asiam Aegypti finibus addiderat.
quis ego pro factis caelesti reddita coetu
  pristina uota nouo munere dissoluo.
inuita, o regina, tuo de uertice cessi,
  inuita: adiuro teque tuumque caput,   40
digna ferat quod si quis inaniter adiurarit:
  sed qui se ferro postulet esse parem?
ille quoque euersus mons est, quem maximum in oris
  progenies Thiae clara superuehitur,
cum Medi peperere nouum mare, cumque iuuentus   45
  per medium classi barbara nauit Athon.
quid facient crines, cum ferro talia cedant?
  Iuppiter, ut Chalybon omne genus pereat,
et qui principio sub terra quaerere uenas
  institit ac ferri stringere duritiem!   50
abiunctae paulo ante comae mea fata sorores
  lugebant, cum se Memnonis Aethiopis
unigena impellens nutantibus aera pennis
  obtulit Arsinoes Locridos ales equos,
isque per aetherias me tollens auolat umbras   55
  et Veneris casto collocat in gremio.

---

34 taurino *om. O*   35 si] sed *O,* sed al. si *X*   haut *Statius* (haud
iam Aldina): aut *V*   41 ferat quod *X,* feratque *O*   adiuraret *V*:
corr. Aldina   43 quem *X,* quae *O*   maximum 'alii' *apud A.
Guarinum*: maxima *V*   44 Thiae *Vossius*: phitie *O,* phytie *X*
45 cum *Rmg.* tum *V*   peperere η; propere *V*   cumque *O,* atque *G,*
atque al. cumque *R*   48 Chalybon *Politianus*: celerum *O,* celitum
G, celitum al. celorum *R* (al. celtum *add. r*)   50 ferri (*ita* ζη)
stringere *Heyse*: ferris fringere (fingere *O*) *V*   51 facta *O*   52 meno-
nis ethyopis *X*   54 arsinoes *Og,* asineos *G,* asineos al. arsinoes *Rm*
Locridos *Bentley,* Locricos *Statius*: elocridicos *V*   alis *V*: corr. ζ
55 isque (*V* is quia al. -que *m,* al. quia *add. g*)   aduolat *X*   56 col-
locat *O,* aduolat *X* (al. collocat *Rmg*)

ipsa suum Zephyritis eo famulum legarat,
  Graiia Canopitis incola litoribus.
†hi dii uen ibi† uario ne solum in lumine caeli
  ex Ariadnaeis aurea temporibus   60
fixa corona foret, sed nos quoque fulgeremus
  deuotae flaui uerticis exuuiae,
uuidulam a fluctu cedentem ad templa deum me
  sidus in antiquis diua nouum posuit.
Virginis et saeui contingens namque Leonis   65
  lumina, Callisto iuncta Lycaoniae,
uertor in occasum, tardum dux ante Booten,
  qui uix sero alto mergitur Oceano.
sed quamquam me nocte premunt uestigia diuum,
  lux autem canae Tethyi restituit,   70
(pace tua fari hic liceat, Ramnusia uirgo,
  namque ego non ullo uera timore tegam,
nec si me infestis discerpent sidera dictis,
  condita quin ueri pectoris euoluam)
non his tam laetor rebus, quam me afore semper,   75
  afore me a dominae uertice discrucior,
quicum ego, dum uirgo quondam fuit omnibus expers
  unguentis, una uilia multa bibi.

57 zyphiritis *V*   legerat *X* (al. legarat *Rmg*)   58 Graiia *Baehrens*
(graia *iam Lachmann*): gratia *V*   Canopitis *Statius*, canopieis *ed. Rom.*:
canopicis (con- *O*) *V*   59 inde Venus *Postgate*, hic lumen *Mowat*;
locus multum uexatus lumine *γ*, limine *θ*: numine *V* (mumine *R*)
60 adrianeis *V*: *corr. η*   61 uos *OG1*(?)   63 uuidulam *A. Guarinus*
(-lum *iam η*), umidulum *ζ*: uindulum *V* (uiridulum *rmg*)   fluctu *V*:
fletu *Pall.*   deum me *ζ*: decumme *V*   65 virgis *O*   66 Callistoe
iuncta Lycaoniae *Parth.*: calixto (calisto *γ*) iuxta licaonia *V*   69
quicquam *O*   70 autem *cod. Berolinensis anni mcccclxiii*: aut *V*
Tethyi *B. Guarinus*: theti *V*   restituem *V*: *corr. Lachmann*   71
pace *r*: parce *V*   ranumsia *O*, ranusia *X*   72 ullo *O*, nullo *X*
73 si me *θ*: sine *V*   diserpent *V*   74 qui *V* (qui al. quin *R*)   ueri
cod. Berol. (uerei *Lachmann*): uere *V*, *fort. recte*   euolue *V*: *corr. 1473*
75, 76 affore *V*   78 una *V*: nuptae *Morel*   uilia *Lobel*: mil(l)ia *V*

nunc uos, optato quas iunxit lumine taeda,
   non prius unanimis corpora coniugibus   80
tradite nudantes reiecta ueste papillas,
   quam iucunda mihi munera libet onyx,
uester onyx, casto colitis quae iura cubili.
   sed quae se impuro dedit adulterio,
illius a mala dona leuis bibat irrita puluis: 85
   namque ego ab indignis praemia nulla peto.
sed magis, o nuptae, semper concordia uestras,
   semper amor sedes incolat assiduus.
tu uero, regina, tuens cum sidera diuam
   placabis festis luminibus Venerem,   90
unguinis expertem non siris esse tuam me,
   sed potius largis affice muneribus.
sidera corruerint utinam! coma regia fiam,
   proximus Hydrochoi fulgeret Oarion!

LXVII

O DVLCI iucunda uiro, iucunda parenti,
   salue, teque bona Iuppiter auctet ope,
ianua, quam Balbo dicunt seruisse benigne
   olim, cum sedes ipse senex tenuit,
quamque ferunt rursus gnato seruisse maligne,   5
   postquam es porrecto facta marita sene.

79 quas *Calph.*: quem *V* (quem al. quam *R*)   80 prius *B. Guarinus et Pall.*: post *V*   uno animus *V*: *corr. θ*   81 retecta *V*: *corr. η* 82 quam *V*: quin *Lachmann* (*seruato in u.* 80 post)   83 colitis] que-ritis *R*   85 leuis bibat dona *V*: *corr. 1472*   86 indignatis *O*, indigetis *G*, indigetis al. indignis al. indignatio *R*   87 nostras *V*: *corr. θ*   91 sanguinis *V*: *corr. Bentley*   siris *Lachmann* (siueris *iam Scaliger*): uestris *V*   tuam *Auantius*: tuum *V*   92 effice *V*: *corr. θ*   93 corruerint *Lachmann*, cur retinent? *Pontanus*: cur iterent *V* 94 id rochoi *V*: *corr. 1472*
   LXVII 5 quamquam *O*   nato *Froeblich*: uoto *V*   maligno *X* 6 es *Aldina*: est *V*   marite *V*: *corr. ζ*

dic agedum nobis, quare mutata feraris
in dominum ueterem deseruisse fidem.
'Non (ita Caecilio placeam, cui tradita nunc sum)
    culpa mea est, quamquam dicitur esse mea,   10
nec peccatum a me quisquam pote dicere quicquam:
    uerum †istius populi ianua qui te† facit,
qui, quacumque aliquid reperitur non bene factum,
    ad me omnes clamant: ianua, culpa tua est.'
Non istuc satis est uno te dicere uerbo,   15
    sed facere ut quiuis sentiat et uideat.
'Qui possum? nemo quaerit nec scire laborat.'
    Nos uolumus: nobis dicere ne dubita.
'Primum igitur, uirgo quod fertur tradita nobis,
    falsum est. non illam uir prior attigerit,   20
languidior tenera cui pendens sicula beta
    numquam se mediam sustulit ad tunicam;
sed pater illius gnati uiolasse cubile
    dicitur et miseram conscelerasse domum,
siue quod impia mens caeco flagrabat amore,   25
    seu quod iners sterili semine natus erat,
ut quaerendum unde ⟨unde⟩ foret neruosius illud,
    quod posset zonam soluere uirgineam.'
Egregium narras mira pietate parentem,
    qui ipse sui gnati minxerit in gremium.   30
'Atqui non solum hoc dicit se cognitum habere
    Brixia Cycneae supposita speculae,

7 age dum *Calph.*: age de *V*   nobis δ: uobis *V*   8 uenerem *X*
12 isti *r*   populo ε   qui te *V*: quidque *Statius*   17 qui *Muretus*:
quid *V*   possim ζ   18 nobis δ: uobis *V*   20 attigerat η   21
uersum om. *hinc O, habet post* lxiv. 386   22 ad *Calph.*: hanc *V*
27 ut *Bergk*: et *V*   quaerendum unde unde *Statius*: querendus unde *V*
29 parentum *O*   30 sui] sunt *O*   31 hoc dicit se *O*, se dicit *G*, se
dicit hoc *R*   32 Cycneae *Vossius*: chinea *V*   suppositum specula
V: corr. *Pontanus*

flauus quam molli praecurrit flumine Mella,
  Brixia Veronae mater amata meae,
sed de Postumio et Corneli narrat amore,   35
  cum quibus illa malum fecit adulterium.
dixerit hic aliquis: quid? tu istaec, ianua, nosti,
  cui numquam domini limine abesse licet,
nec populum auscultare, sed hic suffixa tigillo
  tantum operire soles aut aperire domum?   40
saepe illam audiui furtiua uoce loquentem
  solam cum ancillis haec sua flagitia,
nomine dicentem quos diximus, utpote quae mi
  speraret nec linguam esse nec auriculam.
praeterea addebat quendam, quem dicere nolo   45
  nomine, ne tollat rubra supercilia.
longus homo est, magnas cui lites intulit olim
  falsum mendaci uentre puerperium.'

LXVIII

Qvod mihi fortuna casuque oppressus acerbo
  conscriptum hoc lacrimis mittis epistolium,
naufragum ut eiectum spumantibus aequoris undis
  subleuem et a mortis limine restituam,
quem neque sancta Venus molli requiescere somno   5
  desertum in lecto caelibe perpetitur,
nec ueterum dulci scriptorum carmine Musae
  oblectant, cum mens anxia peruigilat:

33 percurrit *V*: corr. *Auantius*³   Mella *1473*: melo *O*, mello *X*
37 dixit *O*   hic *O*, hee *O*, hie *R*   quid *V*: qui *Aldina*   iste *V*:
corr. *R*   39 hic ζ, hoc ε: hec *V*   42 sola cum concillis (concilius
X) *V*: corr. *amicus Venetus F. Robortelli*   44 speraret *Calph.*: sperent
V (speret *rmg*)   45 addebant *O*   46 ne α: te *V*   47 cui
B. Guarinus et Pall. (quoi *Lachmann*): qui *V*   48 mendacii *V*: corr. β
   LXVIII 1 quo *O*   2 hec *O*   mittit *X*   3 naufragium *V*:
corr. ζη   6 disertum *G*

id gratum est mihi, me quoniam tibi dicis amicum,
   muneraque et Musarum hinc petis et Veneris.   10
sed tibi ne mea sint ignota incommoda, Mani,
   neu me odisse putes hospitis officium,
accipe, quis merser fortunae fluctibus ipse,
   ne amplius a misero dona beata petas.

tempore quo primum uestis mihi tradita pura est,   15
   iucundum cum aetas florida uer ageret,
multa satis lusi: non est dea nescia nostri,
   quae dulcem curis miscet amaritiem.

sed totum hoc studium luctu fraterna mihi mors
   abstulit. o misero frater adempte mihi,   20
tu mea tu moriens fregisti commoda, frater,
   tecum una tota est nostra sepulta domus,
omnia tecum una perierunt gaudia nostra,
   quae tuus in uita dulcis alebat amor.

cuius ego interitu tota de mente fugaui   25
   haec studia atque omnes delicias animi.
quare, quod scribis Veronae turpe Catullo
   esse, quod hic quisquis de meliore nota
frigida deserto tepefactet membra cubili,
   id, Mani, non est turpe, magis miserum est.   30
ignosces igitur si, quae mihi luctus ademit,
   haec tibi non tribuo munera, cum nequeo.
nam, quod scriptorum non magna est copia apud me,
   hoc fit, quod Romae uiuimus: illa domus,
illa mihi sedes, illic mea carpitur aetas;   35
   huc una ex multis capsula me sequitur.

---

10 petit *G*   11 commoda *V*: *corr.* γ   Mani *Lachmann*, malli α, mi
Alli *Schöll*: mali *V* (al. manli *R*)   12 seu *G*   16 *uersum om. hinc*
O, post u. 49 *iteratum in V*   27 catulle *V*: *corr.* ζ   29 tepefactet
Bergk, -faxit *Lachmann*, -fecit γ: tepefacit *V* (al. -factat *R*)   30
Mani *Lachmann*, Malli *Calph.*, mi Alli *Schöll*: mali *V*

quod cum ita sit, nolim statuas nos mente maligna
  id facere aut animo non satis ingenuo,
quod tibi non utriusque petenti copia posta est:
  ultro ego deferrem, copia siqua foret.   40

Non possum reticere, deae, qua me Allius in re
  iuuerit aut quantis iuuerit officiis,
ne fugiens saeclis obliuiscentibus aetas
  illius hoc caeca nocte tegat studium:
sed dicam uobis, uos porro dicite multis   45
  milibus et facite haec carta loquatur anus.

.   .   .   .

  notescatque magis mortuus atque magis,
nec tenuem texens sublimis aranea telam
  in deserto Alli nomine opus faciat.   50
nam, mihi quam dederit duplex Amathusia curam,
  scitis, et in quo me torruerit genere,
cum tantum arderem quantum Trinacria rupes
  lymphaque in Oetaeis Malia Thermopylis,
maesta neque assiduo tabescere lumina fletu   55
  cessarent tristique imbre madere genae.
qualis in aerii perlucens uertice montis
  riuus muscoso prosilit e lapide,
qui cum de prona praeceps est ualle uolutus,
  per medium densi transit iter populi,   60

---

37 noli *O*   38 ingenio *V*: *corr.* α   39 posta *V*: praesto *Froeblich,*
parta *Schwabe*   40 defferrem *1473*: differrem *V* (differem *G*)
41 qua me Allius *Scaliger*: quam fallius *V*   42 inuenit . . . uiuerit *O*
43 ne *Calph.* nec *V*   sedis *V*: *corr.* 1473   46 cerata *O*, certa *G*,
certa al. carta *R*: cera *Statius*   47 uersum om. *V* (deficit *in margine X*)
48 notescamque *G*   *Post u.* 49 *exhibuit* iocundum cometas florida ut
ageret (u. 16) *V*: *del.* 1473   50 ali *X*   51 nam] non *G*   52
corruerit *V*: *corr. Turnebus*   54 cetheis *O*, eetheis *G*, oethis *R*   maulia
V: *corr.* ζ   termopilis *O*, -philis *G*, -phylis *R*   55 lumina θ: nummula
O, numula *X*   56 cessarent θ: cessare ne *V*   59 ualde *V*: *corr.* ζη

dulce uiatori lasso in sudore leuamen,
   cum grauis exustos aestus hiulcat agros,
ac uelut in nigro iactatis turbine nautis
   lenius aspirans aura secunda uenit
iam prece Pollucis, iam Castoris implorata,   65
   tale fuit nobis Allius auxilium.
is clausum lato patefecit limite campum,
   isque domum nobis isque dedit dominae,
ad quam communes exerceremus amores.

   quo mea se molli candida diua pede   70
intulit et trito fulgentem in limine plantam
   innixa arguta constituit solea,
coniugis ut quondam flagrans aduenit amore
   Protesilaeam Laudamia domum
inceptam frustra, nondum cum sanguine sacro   75
   hostia caelestis pacificasset eros.
nil mihi tam ualde placeat, Ramnusia uirgo,
   quod temere inuitis suscipiatur eris.
quam ieiuna pium desideret ara cruorem,
   docta est amisso Laudamia uiro,   80
coniugis ante coacta noui dimittere collum,
   quam ueniens una atque altera rursus hiems
noctibus in longis auidum saturasset amorem,
   posset ut abrupto uiuere coniugio,
quod scibant Parcae non longo tempore abesse,   85

---

61 dulce *Laetus*: duce *V*   uiatorum *O*, uiatori *X* (al. -rum *R*)   lasso *η*:
basso *V*   leuamus *V*: *corr. Calph.*   63 ac] hec *O*, hic *X*   64 leuius
V: *corr. β*   65 implorate *V*: *corr. η*   66 allius *O* (uel manllius *in
margine*), manlius *X*: Manius *Lachmann*   67 classum *X*   68 do-
minae *Froehlich*: dominam *V*   73 amorem *V*: *corr. r*   74
protesileam (-thes- *X*) laudomia *V*   75 incepta *V*: *corr. Turnebus*
77 rammusia *O*, ranusia *X*   79 desideret *θ* (defideret *β*): deficeret *V*
80 laudomia *V*   uirgo *V*: *corr. rmg*   81 nouit *V* (nouit al. uouit *R*):
corr. Auantius[3]   84 abrupto] abinnupto *O*   85 scirant *L. Mueller*,
scibat *Lachmann*   abesse *ζη*: abisse *V*

si miles muros isset ad Iliacos.
nam tum Helenae raptu primores Argiuorum
    coeperat ad sese Troia ciere uiros,
Troia (nefas!) commune sepulcrum Asiae Europaeque,
    Troia uirum et uirtutum omnium acerba cinis,   90
quaene etiam nostro letum miserabile fratri
    attulit. ei misero frater adempte mihi,
ei misero fratri iucundum lumen ademptum,
    tecum una tota est nostra sepulta domus,
omnia tecum una perierunt gaudia nostra,   95
    quae tuus in uita dulcis alebat amor.
quem nunc tam longe non inter nota sepulcra
    nec prope cognatos compositum cineres,
sed Troia obscena, Troia infelice sepultum
    detinet extremo terra aliena solo.   100
ad quam tum properans fertur ⟨lecta⟩ undique pubes
    Graeca penetralis deseruisse focos,
ne Paris abducta gauisus libera ⠇noecha
    otia pacato degeret in thalamo.
quo tibi tum casu, pulcerrima Laudamia,   105
    ereptum est uita dulcius atque anima
coniugium: tanto te absorbens uertice amoris
    aestus in abruptum detulerat barathrum,
quale ferunt Grai Pheneum prope Cyllenaeum
    siccare emulsa pingue palude solum,   110
quod quondam caesis montis fodisse medullis

90 *Nonius p.* 291 *L.* (cinis) feminino aput Caesarem et Catullum et
Caluum lectum est, quorum uaccillat auctoritas (*cf.* ci. 4).

87 cum *O*   91 quaene etiam *Heinsius:* que uetet id *V*   frater
V (frater al. fratri *R*)   92 hei *X*   frateter *X*   93 hei *V*
iocundumque limine *O*   adeptum *V: corr.* α   97 quem η: que *V*
98 cineris *V*   101 tuum *G*   lecta *add. Eldik,* simul *1472, alii alia*
103 nec *V: corr. G*   105 quod *V: corr.* ζ   cum *G*   laudomia *V*
109 peneum *V: corr. Auantius*   110 siccari *V* (sic- *O*): *corr. Schrader*

audit falsiparens Amphitryoniades,
tempore quo certa Stymphalia monstra sagitta
   perculit imperio deterioris eri,
pluribus ut caeli tereretur ianua diuis,   115
   Hebe nec longa uirginitate foret.
sed tuus altus amor barathro fuit altior illo,
   qui tamen indomitam ferre iugum docuit.
nam nec tam carum confecto aetate parenti
   una caput seri nata nepotis alit,   120
qui, cum diuitiis uix tandem inuentus auitis
   nomen testatas intulit in tabulas,
impia derisi gentilis gaudia tollens
   suscitat a cano uolturium capiti:
nec tantum niueo gauisa est ulla columbo   125
   compar, quae multo dicitur improbius
oscula mordenti semper decerpere rostro,
   quam quae praecipue multiuola est mulier.
sed tu horum magnos uicisti sola furores,
   ut semel es flauo conciliata uiro.   130
aut nihil aut paulo cui tum concedere digna
   lux mea se nostrum contulit in gremium,
quam circumcursans hinc illinc saepe Cupido
   fulgebat crocina candidus in tunica.
quae tamen etsi uno non est contenta Catullo,   135
   rara uerecundae furta feremus erae,
ne nimium simus stultorum more molesti.
   saepe etiam Iuno, maxima caelicolum,

---

112 audet *V*: *corr. Palmerius*   amphitrioniadis (amphyt- *X*) *V*
114 pertulit *V*: *corr.* β   115 tereretur *R*, terreretur *O*, treerretur *G*:
terretur *rmg*   118 tamen *Heyse et* indomitam *Statius*: tuum domi-
tum *V*   119 tam *O*, causa *X* (al. neque tam carum *R*)   124 scu-
scitata cano uoltarium *V*   128 quam quae *Auantius³*, quantum
Calph.: quamquam *V*   129 tu horum η: tuorum *V*   130 es
flauo ζη: efflauo *O*, eflauo *X*   131 tum *Auantius³*: tu *V*

coniugis in culpa flagrantem concoquit iram,
noscens omniuoli plurima furta Iouis.   140
atqui nec diuis homines componier aequum est,

. . . .

. . . .

ingratum tremuli tolle parentis onus.
nec tamen illa mihi dextra deducta paterna
fragrantem Assyrio uenit odore domum,
sed furtiua dedit mira munuscula nocte,   145
ipsius ex ipso dempta uiri gremio.
quare illud satis est, si nobis is datur unis
quem lapide illa dies candidiore notat.

hoc tibi, quod potui, confectum carmine munus
pro multis, Alli, redditur officiis,   150
ne uestrum scabra tangat rubigine nomen
haec atque illa dies atque alia atque alia.
huc addent diui quam plurima, quae Themis olim
antiquis solita est munera ferre piis.
sitis felices et tu simul et tua uita,   155
et domus ⟨ipsa⟩ in qua lusimus et domina,
et qui principio nobis †terram dedit aufert†,
a quo sunt primo omnia nata bona,
et longe ante omnes mihi quae me carior ipso est,
lux mea, qua uiua uiuere dulce mihi est.   160

139 concoquit iram *Lachmann*: cotidiana (quot- *X*) *V*   140 furta
ζ: facta *V* (*cf.* xxiii. 10)   141 atqui θ, at quia δ: atque *V*   com-
ponier *Calph.*: componere *V*   *Post u.* 141 *lacunam indicauit Marcilius*
143 dextra θ: deastra *O*, de astra *X*   144 flagrantem *V*   145 mira
uix recte V: rara *Haupt*   147 is] hiis *O*, his *X*   148 diem *1473,*
fort. recte   149 quo *Muretus*   150 Alli *Scaliger*: aliis *V*
155 sitis ζη: satis *V*   uita *r*: uice *O*, uite *G*, uirtute *R*   156 ipsa
add. ζη, *post* qua *add.* nos *uel* olim *alii*   157 *locus conclamatus*
158 bona ζ: bono *V*   semina nata boni *Peiper*   159 qui *G*
160 d. mihi est β, d. mihi ζ: mihi d. est *V*

LXIX

Noli admirari, quare tibi femina nulla,
 Rufe, uelit tenerum supposuisse femur,
non si illam rarae labefactes munere uestis
 aut perluciduli deliciis lapidis.
laedit te quaedam mala fabula, qua tibi fertur   5
 ualle sub alarum trux habitare caper.
hunc metuunt omnes, neque mirum: nam mala ualde est
 bestia, nec quicum bella puella cubet.
quare aut crudelem nasorum interfice pestem,
 aut admirari desine cur fugiunt.   10

LXX

Nvlli se dicit mulier mea nubere malle
 quam mihi, non si se Iuppiter ipse petat.
dicit: sed mulier cupido quod dicit amanti,
 in uento et rapida scribere oportet aqua.

LXXI

Si cui iure bono sacer alarum obstitit hircus,
 aut si quem merito tarda podagra secat,
aemulus iste tuus, qui uestrum exercet amorem,
 mirifice est †a te nactus utrumque malum.
nam quotiens futuit, totiens ulciscitur ambos: 5
 illam affligit odore, ipse perit podagra.

LXIX 2 ruffe *V*: *corr. m*   3 non illam rarae *Calph.* (si *add. Aldina*):
nos illa mare *V*   4 pro luciduli *R*   5 qua *g*: que *V*   8 qui
cum *β*: cui cum *V*

 LXXI 1 cui *Calph.* (quoi *Vossius*): qua *V* (qua al. quo *R*)   iure
Pall., Virro *B. Guarinus*: uiro *V*   sacer alarum *Calph.*: sacratorum *O*,
sacrorum *X*   2 quem *θ*: quam *V*   podraga *X*   secat *ζ*: secunt
O, secum *X*   3 nostrum *g*

LXXII

Dicebas quondam solum te nosse Catullum,
    Lesbia, nec prae me uelle tenere Iouem.
dilexi tum te non tantum ut uulgus amicam,
    sed pater ut gnatos diligit et generos.
nunc te cognoui: quare etsi impensius uror,   5
    multo mi tamen es uilior et leuior.
qui potis est, inquis? quod amantem iniuria talis
    cogit amare magis, sed bene uelle minus.

LXXIII

Desine de quoquam quicquam bene uelle mereri
    aut aliquem fieri posse putare pium.
omnia sunt ingrata, nihil fecisse benigne
    ⟨prodest,⟩ immo etiam taedet obestque magis;
ut mihi, quem nemo grauius nec acerbius urget,   5
    quam modo qui me unum atque unicum amicum habuit.

LXXIV

Gellivs audierat patruum obiurgare solere,
    si quis delicias diceret aut faceret.
hoc ne ipsi accideret, patrui perdepsuit ipsam
    uxorem et patruum reddidit Arpocratem.
quod uoluit fecit: nam, quamuis irrumet ipsum   5
    nunc patruum, uerbum non faciet patruus

LXXII 8 *citat Donatus in Terentium, Andr.* 718.

LXXII 2 prae me *R*, prime *O*, per me *G*   6 mi tamen es *A.
Guarinus*: ita me nec *V*   7 quod *β*: quam *V*
    LXXIII 1 quicquam *ζ*: quisquam *V*   4 prodest *add. Auantius*[3],
iuuerit *Baehrens*, iam iuuat *Munro*   obstetque *R* (stetque *r*)   magis
Aldina: magisque magis *V*   5 quem *γ*: que *V*   6 habet *X*
(habuit *in margine R*)
    LXXIV 1 Selius *O* (Sellius *O corr.*), Lelius *G*, Lelius al. Gellius *R*
solere *B. Guarinus*: flere *V*   3 perdespuit *V*: *corr.* 'uir eruditus' *apud
Statium*   4 harpocratem *V*

LXXV

Hvc est mens deducta tua mea, Lesbia, culpa
  atque ita se officio perdidit ipsa suo,
ut iam nec bene uelle queat tibi, si optima fias,
  nec desistere amare, omnia si facias.

LXXVI

Siqva recordanti benefacta priora uoluptas
  est homini, cum se cogitat esse pium,
nec sanctam uiolasse fidem, nec foedere nullo
  diuum ad fallendos numine abusum homines,
multa parata manent in longa aetate, Catulle,   5
  ex hoc ingrato gaudia amore tibi.
nam quaecumque homines bene cuiquam aut dicere possunt
  aut facere, haec a te dictaque factaque sunt.
omnia quae ingratae perierunt credita menti.
  quare iam te cur amplius excrucies?   10
quin tu animo offirmas atque istinc teque reducis,
  et dis inuitis desinis esse miser?
difficile est longum subito deponere amorem,
  difficile est, uerum hoc qua lubet efficias:
una salus haec est, hoc est tibi peruincendum,   15
  hoc facias, siue id non pote siue pote.
o di, si uestrum est misereri, aut si quibus umquam
  extremam iam ipsa in morte tulistis opem,

LXXV 3 uelle queat *Lachmann* (queam θ): uelleque tot *V*
  LXXVI 3 nullo *V* (*cf.* xlviii. 4): in ullo θ, *fort. recte*   5 manent ζη:
manentum *O*, manenti *X*   8 sint *O*   9 omniaque *V*   10 iam
te cur ζη: cur te iam *V*   11 quin θ: qui *V*   tu *r*: tui *V*   affirmas
R   istinc teque *Heinsius*: instincteque *O*, -toque *X*   12 dis γ,
deis ε: des *V*   13 amicum *R1*   14 hec *O*   quam lubet *V*:
corr. ζ   officias *O*   15 hoc *R*: hec *V*   16 hoc *R*: hec *V*   faties
R   17 miseri *O*   18 extremam *cod. Berol.*: extremo *V* (-ma *r*)
ipsa in *Aldina*: ipsam *V*

me miserum aspicite et, si uitam puriter egi,
    eripite hanc pestem perniciemque mihi,   20
quae mihi subrepens imos ut torpor in artus
    expulit ex omni pectore laetitias.
non iam illud quaero, contra me ut diligat illa,
    aut, quod non potis est, esse pudica uelit:
ipse ualere opto et taetrum hunc deponere morbum.   25
    o di, reddite mi hoc pro pietate mea.

LXXVII

Rvfe mihi frustra ac nequiquam credite amice
    (frustra? immo magno cum pretio atque malo),
sicine subrepsti mi, atque intestina perurens
    ei misero eripuisti omnia nostra bona?
eripuisti, heu heu nostrae crudele uenenum   5
    uitae, heu heu nostrae pestis amicitiae.

LXXVIII

Gallvs habet fratres, quorum est lepidissima coniunx
    alterius, lepidus filius alterius.
Gallus homo est bellus: nam dulces iungit amores,
    cum puero ut bello bella puella cubet.
Gallus homo est stultus, nec se uidet esse maritum,   5
    qui patruus patrui monstret adulterium.

21 quae *Calph.*: seu *V*   torpor *η*: corpore *V*   22 delitias *R1*
23 me ut *β*, ut me *ζ*: me ut me *V*   26 dei *V* (dii *R*)   mi *r*: michi
V   pro pietate *m*: proprietate *V*
    LXXVII 1 ruffe *V*: *corr. m*   amico *X*   3 surrepsti *Calph.*:
subrepti *O*, subrecti *X*   mei *V*   4 ei *Lachmann*, sic *ζ*: si *V* (si al.
mi *R*)   5 *et* 6 heu heu *r*: heu *V* (he heu *G*)   6 nostro *X*   pestis
B. Guarinus: pectus *V*

LXXVIII^b

* * * * * * * *

sed nunc id doleo, quod purae pura puellae
   suauia comminxit spurca saliua tua.
uerum id non impune feres: nam te omnia saecla
   noscent et, qui sis, fama loquetur anus.

LXXIX

Lesbivs est pulcer. quid ni? quem Lesbia malit
   quam te cum tota gente, Catulle, tua.
sed tamen hic pulcer uendat cum gente Catullum,
   si tria notorum suauia reppererit.

LXXX

Qvid dicam, Gelli, quare rosea ista labella
   hiberna fiant candidiora niue,
mane domo cum exis et cum te octaua quiete
   e molli longo suscitat hora die?
nescio quid certe est: an uere fama susurrat   5
   grandia te medii tenta uorare uiri?
sic certe est: clamant Victoris rupta miselli
   ilia, et emulso labra notata sero.

LXXVIII^b *Hos quattuor uersus post* lxxvii. 6 *posuit Scaliger, alibi alii*
2 conminxit *Scaliger*: connuxit *O*, coniunxit *X*   3 u. id non *O*, u.
non id *G*, id u. non *R*   4 quis scis *X*   fama loquetur anus *Calph.*:
famuloque tanus *V* (canus *G*, tanus al. -e- *R*)
    LXXIX 1 ni quem *Calph.* (ni *iam 1473*): inquam *V*   mallit *X*
4 natorum *X*   repererit *X*
    LXXX 2 ruberna *O*   3 exis et ζη: exisset *V*   6 tanta *V* (tanta
al. tenta *R*)   8 ilia et emulso *B. Guarinus* (*P. Valerianus et G. Faer-
nus, teste Statio*): ille te mulso *V*

LXXXI

Nemone in tanto potuit populo esse, Iuuenti,
  bellus homo, quem tu diligere inciperes,
praeterquam iste tuus moribunda ab sede Pisauri
  hospes inaurata pallidior statua,
qui tibi nunc cordi est, quem tu praeponere nobis   5
  audes, et nescis quod facinus facias?

LXXXII

Qvinti, si tibi uis oculos debere Catullum
  aut aliud si quid carius est oculis,
eripere ei noli, multo quod carius illi
  est oculis seu quid carius est oculis.

LXXXIII

Lesbia mi praesente uiro mala plurima dicit:
  haec illi fatuo maxima laetitia est.
mule, nihil sentis? si nostri oblita taceret,
  sana esset: nunc quod gannit et obloquitur,
non solum meminit, sed, quae multo acrior est res,   5
  irata est. hoc est, uritur et loquitur.

LXXXIV

Chommoda dicebat, si quando commoda uellet
  dicere, et insidias Arrius hinsidias,
et tum mirifice sperabat se esse locutum,

LXXXI 1 uiuenti *V*: corr. *1472*   3 ab *V*: a *m*   pisanum *O*
5 qui *Calph.*: quid *V*   6 quod ζη: quid *V*
  LXXXIII 3 mulle *X*   4 sanna *O*, samia *G*, samia al. sana *R*   6
hec *V*: corr. *G*
  LXXXIV 1 chommoda *Calph.*, chomoda *Pontanus*: commoda *V*   2
hinsidias *Politianus et Calph.*: insidias he (hee *O*) *V* (he *del. r*)   3, 4 *hic
collocauit Politianus, post u. 10 V*

93

cum quantum poterat dixerat hinsidias.
credo, sic mater, sic liber auunculus eius, ·   5
    sic maternus auus dixerat atque auia.
hoc misso in Syriam requierant omnibus aures:
    audibant eadem haec leniter et leuiter,
nec sibi postilla metuebant talia uerba,
    cum subito affertur nuntius horribilis,   10
Ionios fluctus, postquam illuc Arrius isset,
    iam non Ionios esse sed Hionios.

LXXXV

ODI et amo. quare id faciam, fortasse requiris?
nescio, sed fieri sentio et excrucior.

LXXXVI

QVINTIA formosa est multis. mihi candida, longa,
    recta est: haec ego sic singula confiteor.
totum illud formosa nego: nam nulla uenustas,
    nulla in tam magno est corpore mica salis.
Lesbia formosa est, quae cum pulcerrima tota est,   5
    tum omnibus una omnis surripuit Veneres.

LXXXVI 4 *Quintilianus, inst. orat.* vi. 3. 18 et Catullus, cum dicit
'nulla est in corpore mica salis', non hoc dicit, nihil in corpore eius esse
ridiculum.

4 hinsidias *Parth.*: insidias *V*   5 liber *multis suspectum*   eius *η*:
eius est *V*   7 hoc *ε*: hec *O*, hic *G*, hic al. hec *R*   syriam *g*: syria *V*
(sir- *O*)   8 audiebant *V*: *corr. η*   11 Arius *Calph.*: arcius *O*,
artius *X*   esset *G*   12 hionios *θ et Politianus*: ionios *V* (ionios . . .
Ionios *X*)
  LXXXV 1 ama *Rᵢ*   2 sed] si *O*
  LXXXVI 6 omnes *X*

LXXXVII

Nvlla potest mulier tantum se dicere amatam
uere, quantum a me Lesbia amata mea est.
nulla fides ullo fuit umquam foedere tanta,
quanta in amore tuo ex parte reperta mea est.

LXXXVIII

Qvid facit is, Gelli, qui cum matre atque sorore
prurit et abiectis peruigilat tunicis?
quid facit is, patruum qui non sinit esse maritum?
ecquid scis quantum suscipiat sceleris?
suscipit, o Gelli, quantum non ultima Tethys   5
nec genitor Nympharum abluit Oceanus:
nam nihil est quicquam sceleris, quo prodeat ultra,
non si demisso se ipse uoret capite.

LXXXIX

Gellivs est tenuis: quid ni? cui tam bona mater
tamque ualens uiuat tamque uenusta soror
tamque bonus patruus tamque omnia plena puellis
cognatis, quare is desinat esse macer?
qui ut nihil attingat, nisi quod fas tangere non est,   5
quantumuis quare sit macer inuenies.

XC

Nascatvr magus ex Gelli matrisque nefando
coniugio et discat Persicum aruspicium:

nam magus ex matre et gnato gignatur oportet,
si uera est Persarum impia religio,
gratus ut accepto ueneretur carmine diuos   5
omentum in flamma pingue liquefaciens.

XCI

Non ideo, Gelli, sperabam te mihi fidum
in misero hoc nostro, hoc perdito amore fore,
quod te cognossem bene constantemue putarem
 aut posse a turpi mentem inhibere probro;
sed neque quod matrem nec germanam esse uidebam 5
hanc tibi, cuius me magnus edebat amor.
et quamuis tecum multo coniungerer usu,
non satis id causae credideram esse tibi.
tu satis id duxti: tantum tibi gaudium in omni
culpa est, in quacumque est aliquid sceleris.   10

XCII

Lesbia mi dicit semper male nec tacet umquam
de me: Lesbia me dispeream nisi amat.
quo signo? quia sunt totidem mea: deprecor illam
assidue, uerum dispeream nisi amo.

XCII 1–4 *Aulus Gellius* vii. 16. 2 (quispiam) cum esset uerbum 'deprecor'
doctiuscule positum in Catulli carmine, quia id ignorabat, frigidissimos
uersus esse dicebat omnium quidem iudicio uenustissimos, quos subscripsi:
'Lesbia . . . amo.'

----

3 magnus V: corr. γ 5 gratus *L. Mueller*: gnatus V 6 omen-
tum*m* (?) ϵ: quintum O, omne tum X
    XCI 3 constanterue R 4 a $\zeta\eta$: aut V mente V: corr. ζ 9
induxti V: corr. *Aldina*
    XCII 2–4 amat . . . nisi *om.* X 3 mea *Vossius*: ea O *et traditus*
Gelli textus   4 uero O amo al. amat R

XCIII

Nil nimium studeo, Caesar, tibi.uelle placere,
  nec scire utrum sis albus an ater homo.

XCIV

Mentvla moechatur. Moechatur mentula? Certe.
  Hoc est quod dicunt: ipsa olera olla legit.

XCV

Zmyrna mei Cinnae nonam post denique messem
  quam coepta est nonamque edita post hiemem,
milia cum interea quingenta Hortensius uno

Zmyrna cauas Satrachi penitus mittetur ad undas,   5
  Zmyrnam cana diu saecula peruoluent.
at Volusi annales Paduam morientur ad ipsam
  et laxas scombris saepe dabunt tunicas.

XCVᵇ

Parva mei mihi sint cordi monimenta . . .,
  at populus tumido gaudeat Antimacho.

XCIII 2 *Quintilianus, inst. orat.* xi. 1. 38 negat se magni facere aliquis
poetarum 'utrum Caesar ater an albus homo sit'.

XCIII 2 scire '*in uetustiori codice*' *testatur A. Guarinus*: si ore *V*   sis
albus an ater *ex* '*probatissimis codicibus*' *Beroaldus*: si saluus an alter *V*
  XCV 1 Zinirna *OG*   mensem *O*   5, 6 Zinirna, -am *V*   5 canas
V: *corr.* ζη   6 peruoluit *V*: *corr. Calph.*
  XCVb *a praecedentibus seiunxit Statius, haud scio an recte*   1 sodalis
add. Aldina, Catonis *Leo,* laboris *ζη, alii alia*   2 tumido *X,* uel
tu timido *O*   eutimacho *V*

XCVI

Si quicquam mutis gratum acceptumue sepulcris
  accidere a nostro, Calue, dolore potest,
quo desiderio ueteres renouamus amores
  atque olim missas flemus amicitias,
certe non tanto mors immatura dolori est   5
  Quintiliae, quantum gaudet amore tuo.

XCVII

Non (ita me di ament) quicquam referre putaui,
  utrumne os an culum olfacerem Aemilio.
nilo mundius hoc, nihiloque immundius illud,
  uerum etiam culus mundior et melior:
nam sine dentibus est. hoc dentis sesquipedalis,   5
  gingiuas uero ploxeni habet ueteris,
praeterea rictum qualem diffissus in aestu
  meientis mulae cunnus habere solet.
hic futuit multas et se facit esse uenustum,
  et non pistrino traditur atque asino?   10
quem siqua attingit, non illam posse putemus
  aegroti culum lingere carnificis?

XCVII 6 *Quintilianus, inst. orat.* i. 5. 8 Catullus 'ploxenum' circa Padum
inuenit; *Festus p.* 260 *L.* ploxinum appellari ait Catullus capsum in cisio
capsamue, cum dixit 'gingiuas . . . ueteris'.

XCVI 1 et gratum *V*: *corr.* ϵ   3 que *O*   renouamur *O*
5 dolori β: dolor *V*   6 Quintilie *Rmg*: quintile *V*
  XCVII 1 quicquid *V* (al. quicquam *R*)   2 utrumne *Auantius*³:
utrum *V*   3 nilo *G*: nihilo *OR*   nihiloque θ: nobisque *V*   im-
mundior ille *Lachmann*   5 hoc *cod. Vaticanus lat.* 1608, os *Froeblich*
(dentis os *iam* ζ): hic *V*   seseque dedalis *V*: *corr.* ζ   6 ploxnio *O*,
ploxonio *X*   7 diffissus *Statius*: deffessus *V* (defes- *X*)   aestu ζη:
estum *V*   8 megentis *V*: *corr. r*   mulle *X*   9 fecit *X*

XCVIII

IN te, si in quemquam, dici pote, putide Victi,
  id quod uerbosis dicitur et fatuis.
ista cum lingua, si usus ueniat tibi, possis
  culos et crepidas lingere carpatinas.
si nos omnino uis omnes perdere, Victi,   5
  hiscas: omnino quod cupis efficies.

XCIX

SVRRIPVI tibi, dum ludis, mellite Iuuenti,
  .suauiolum dulci dulcius ambrosia.
uerum id non impune tuli: namque amplius horam
  suffixum in summa me memini esse cruce,
dum tibi me purgo nec possum fletibus ullis   5
  tantillum uestrae demere saeuitiae.
nam simul id factum est, multis diluta labella
  guttis abstersisti omnibus articulis,
ne quicquam nostro contractum ex ore maneret,
  tamquam commictae spurca saliua lupae.   10
praeterea infesto miserum me tradere amori
  non cessasti omnique excruciare modo,
ut mi ex ambrosia mutatum iam foret illud
  suauiolum tristi tristius elleboro.
quam quoniam poenam misero proponis amori,   15
  numquam iam posthac basia surripiam.

  XCVIII 1 in quenquam *Aldina*: inquam quam *V*   pote *om. O*
1 *et* 5 uicti *V, quod idem ac* uicci *sonat*: Vetti *Statius*, Vitti *Haupt*
4 carpantians *O*, carpatians *X* (carpatinas *in margine R*)   5 uos *O*
6 hiscas *Vossius*: discas *V*
  XCIX 1 surripuit *V* (surmpuit *O*): corr. *ζη*   2 ambrosio *V*: corr. *ε*
7 id] ad *G*   8 abstersisti *Auantius*³: abstersti *O*, astersi *X*   9 ne
ε: nec *V*   10 comitte *O*, commicte *G*, conmincte *R*   13 mi *η*:
michi *V*   ambrosio *V*: corr. *ζ*

C

CAELIVS Aufillenum et Quintius Aufillenam
    flos Veronensum depereunt iuuenum,
hic fratrem, ille sororem. hoc est, quod dicitur, illud
    fraternum uere dulce sodalicium.
cui faueam potius? Caeli, tibi: nam tua nobis   5
    perspecta ex igni est unica amicitia,
cum uesana meas torreret flamma medullas.
    sis felix, Caeli, sis in amore potens.

CI

MVLTAS per gentes et multa per aequora uectus
    aduenio has miseras, frater, ad inferias,
ut te postremo donarem munere mortis
    et mutam nequiquam alloquerer cinerem.
quandoquidem fortuna mihi tete abstulit ipsum,   5
    heu miser indigne frater adempte mihi,
nunc tamen interea haec, prisco quae more parentum
    tradita sunt tristi munere ad inferias,
accipe fraterno multum manantia fletu,
    atque in perpetuum, frater, aue atque uale.   10

CII

SI quicquam tacito commissum est fido ab amico,
    cuius sit penitus nota fides animi,
meque esse inuenies illorum iure sacratum,
    Corneli, et factum me esse puta Arpocratem.

C 1 Gellius O, Celius X   aufilenum, -nam V   2 treronensum O,
ueronensum G, trenorensum al. ueronensum R   depereunt η: depereret
V (al. -ant R)   6 perspecta ζ: perfecta V   ex igni Schöll (sed ex uix
recte), egregie Baehrens: est igitur O, est exigitur G, est igitur al. exigitur R
    CI 6 hei misero Auantius[3]   7 hec O, hoc X   priscoque V
8 tristis munera Lachmann
    CII 1 amico r: antiquo V

CIII

Avt sodes mihi redde decem sestertia, Silo,
  deinde esto quamuis saeuus et indomitus:
aut, si te nummi delectant, desine quaeso
  leno esse atque idem saeuus et indomitus.

CIV

Credis me potuisse meae maledicere uitae,
  ambobus mihi quae carior est oculis?
non potui, nec, si possem, tam perdite amarem:
  sed tu cum Tappone omnia monstra facis.

CV

Mentvla conatur Pipleium scandere montem:
  Musae furcillis praecipitem eiciunt.

CVI

Cvm puero bello praeconem qui uidet esse,
  quid credat, nisi se uendere discupere?

CVII

Si quicquam cupido optantique optigit umquam
  insperanti, hoc est gratum animo proprie.
quare hoc est gratum †nobis quoque† carius auro
  quod te restituis, Lesbia, mi cupido.

CIII 1 sextercia *V*   2 esto] est o *O*, est o *X*   3 mīmi *O*, mi mi
G, mimi al. numi *R*
  CIV 3 si *om. O*   perdita *O*   amare *V*: *corr.* ζ
  CV 1 pipileium *V*: *corr. R*   scindere *V*: *corr.* ζ   2 furcilis *V*:
corr. R
  CVI 1 bello *Aldina*: obelio *V* (obellio *Rmg*)   esse *V* (ipse *R*)
  CVII 1 quicquam ε, quoi quid *Ribbeck*: quid quid *O*, quicquid *X*
cupidoque *Aldina*   obtigit *X*   2 insperati *Heinsius*   3 nobis
quoque *V*: nobisque est *Haupt*

restituis cupido atque insperanti, ipsa refers te 5
   nobis. o lucem candidiore nota!
quis me uno uiuit felicior, aut magis †hac est
   †optandus uita dicere quis poterit?

CVIII

SI, Comini, populi arbitrio tua cana senectus
   spurcata impuris moribus intereat,
non equidem dubito quin primum inimica bonorum
   lingua exsecta auido sit data uulturio,
effossos oculos uoret atro gutture coruus, 5
   intestina canes, cetera membra lupi.

CIX

IVCVNDVM, mea uita, mihi proponis amorem
   hunc nostrum inter nos perpetuumque fore.
di magni, facite ut uere promittere possit,
   atque id sincere dicat et ex animo,
ut liceat nobis tota perducere uita 5
   aeternum hoc sanctae foedus amicitiae.

CX

AVFILLENA, bonae semper laudantur amicae:
   accipiunt pretium, quae facere instituunt.
tu, quod promisti, mihi quod mentita inimica es,
   quod nec das et fers saepe, facis facinus.

---

5 inspiranti *O*   6 luce *V*: *corr. B. Guarinus*   7 hac *O*, me *X*
⏗ hac res / optandas *Lachmann*
   CVIII 1 sic homini *V*: *corr. B. Guarinus*   populari *V*: *corr. Statius*
(arbitrio populi *Calph.*)   4 execta ζ: exercta *O*, exerta *X*
   CIX 1 amore *V*: *corr.* ζη   6 eterne *O*
   CX 1 Auffilena *V*   2 quae] quia *O*   3 promisisti *V*: *corr.* γ
4 et *B. Guarinus*: nec *V*

aut facere ingenuae est, aut non promisse pudicae,   5
    Aufillena, fuit: sed data corripere
fraudando officiis, plus quam meretricis auarae ⟨est⟩,
    quae sese toto corpore prostituit.

CXI

/ Avfillena, uiro contentam uiuere solo,
    nuptarum laus ex laudibus eximiis:
sed cuiuis quamuis potius succumbere par est,
    quam matrem fratres ex patruo . . .

CXII

Mvltvs homo es, Naso, neque tecum multus homo
    ⟨est quin⟩
    te scindat: Naso, multus es et pathicus.

CXIII

Consvle Pompeio primum duo, Cinna, solebant
    Maeciliam: facto consule nunc iterum
manserunt duo, sed creuerunt milia in unum
    singula. fecundum semen adulterio.

CXIV

Firmano saltu non falso Mentula diues
    fertur, qui tot res in se habet egregias,

---

5 promisse *B. Guarinus et Parth.*: promissa *V*   6 aut fillena *O*,
auffilena *X*   7 officiis *Bergk*, effectis *Ellis*, effecit *β*: efficit *V*   est
add. Calph.   8 toto *γ*, totam *Westphal*: tota *V*
    CXI 1 aut fillenam *O*, auffilenam (-mam *R*) *X*: -ena *γ*   contemptam *O*
2 ex *Passerat* (e *iam Scaliger*): est *V*   est . . . ex nimiis *Baehrens*   3
pars *V*: *corr.* ζ   4 efficere ex p. *1472*, ex p. parere *Doering, alii alia*:
lacunam exhibuit V
    CXII 1 es *Parth.*: est *V*   homost quin *Schwabe*, homo est qui
Scaliger: homo *V* (homoque *R*)   2 te scindat *post Hauptium Schwabe*:
descendit *V* ·
    CXIII 2 Meciliam *G*: mecilia *V*   4 singulum *V*: *corr. 1472*
    CXIV 1 Firmano saltu *Aldina* (saltus *iam B. Guarinus*): firmanus saluis
V   mensula *V*: *corr.* ε

aucupium omne genus, piscis, prata, arua ferasque.
nequiquam: fructus sumptibus exsuperat.
quare concedo sit diues, dum omnia desint.   5
saltum laudemus, dum †modo ipse egeat.

CXV

MENTVLA habet instar triginta iugera prati,
   quadraginta arui: cetera sunt maria.
cur non diuitiis Croesum superare potis sit,
   uno qui in saltu tot bona possideat,
prata arua ingentes siluas saltusque paludesque   5
   usque ad Hyperboreos et mare ad Oceanum?
omnia magna haec sunt, tamen ipsest maximus ultro,
   non homo, sed uero mentula magna minax.

CXVI

SAEPE tibi studioso animo uenante requirens
   carmina uti possem mittere Battiadae,
qui te lenirem nobis, neu conarere
   tela infesta ⟨meum⟩ mittere in usque caput,
hunc uideo mihi nunc frustra sumptum esse laborem, 5
   Gelli, nec nostras hic ualuisse preces.
contra nos tela ista tua euitabimus †amitha
   at fixus nostris tu dabis supplicium.

---

3 aucupium ζ, aucupia γ: aucupiam (an cupiam O) V   6 saltem X
dum modo V: dum tamen β, *alii alia*

   CXV 1 instar (istar O) V: noster *Auantius*[3], saltum *Housman*   3
potis sit ζ: potuisset V   4 bona *Aldina*: moda V   possiderat O
5 iugentis O   7 ipsest *Froehlich* (ipse est ζη): ipse si V   ultro *1473*:
ultor V

   CXVI 1 requires V: *corr. Auantius*   2 batriade V: *corr. Parth.*
4 tela *Muretus*: telis (celis O) V   meum *add. Muretus*   mittere
inusque *codd. recentiores aliquot*: mitteremusque V   6 hic ζ: hinc V
7 euitamus ζ   amitha O, amicta X: amictu ε   8 at fixus ζ:
affixus V

CARMEN CXVI

textui Subiungit G, praescribit R:

Versus domini Beneuenuti de Campexanis de Vicencia
de resurrectione Catulli poete Veronensis.

Ad patriam uenio longis a finibus exul;
    causa mei reditus compatriota fuit,
scilicet a calamis tribuit cui Francia nomen
    quique notat turbae praetereuntis iter.
quo licet ingenio uestrum celebrate Catullum,
    cuius sub modio clausa papirus erat.

FRAGMENTA

I

Hunc lucum tibi dedico consecroque, Priape,
qua domus tua Lampsaci est quaque . . . Priape.
nam te praecipue in suis urbibus colit ora
Hellespontia, ceteris ostriosior oris.

Marius Victorinus, ars gramm. (p. 119 *et* 151 *K.), Caesius Bassus de
metris (p.* 260 *K.), Terentianus de metris* 2755–8 *(p.* 406 *K.), Atilius Fortu-
natianus, ars (p.* 268 *et* 292 *K.), 'Censorini' de metris (p.* 605 *K.)* 2 qua-
que lege Priapi *Buecheler.*

II

de meo ligurrire libido est

Nonius p. 200 *L. s.v. 'ligurrire'.*

III

at non effugies meos iambos

Porphyrion ad Horati carm. i. 16. 22 denique et Catullus, cum maled cta
minaretur, sic ait:

IV

Plinius, hist. nat. xxviii. 19: Hinc Theocriti apud Graecos, Catulli apud
nos proximeque Vergilii incantamentorum amatoria imitatio.

V

Seruius ad Vergili georg. ii. 95: Hanc uuam (Rhaeticam) Cato praecipue
laudat in libris quos scripsit ad filium; contra Catullus eam uituperat et
dicit nulli rei esse aptam, miraturque cur eam laudauerit Cato.

APPENDIX

Carmina graeca quae latine imitatus est poeta noster

(*a*) Ad Catulli carmen li: Sapphus carmen (*Poetarum Lesbiorum fragmenta*, ediderunt E. Lobel et D. Page Oxonii MCMLV, no. 31).

φαίνεταί μοι κῆνος ἴϲοϲ θέοιϲιν
ἔμμεν' ὤνηρ, ὄττιϲ ἐνάντιόϲ τοι
ἰϲδάνει καὶ πλάϲιον ἆδυ φωνεί-
ϲαϲ ὑπακούει
καὶ γελαίϲαϲ ἰμέροεν, τό μ' ἦ μὰν   5
καρδίαν ἐν ϲτήθεϲιν ἐπτόαιϲεν,
ὡϲ γὰρ ἔϲ ϲ' ἴδω βρόχε' ὤϲ με φώναι-
ϲ' οὐδ' ἒν ἔτ' εἴκει,
ἀλλ' ἄκαν μὲν γλῶϲϲα †ἔαγε λέπτον
δ' αὔτικα χρῶι πῦρ ὑπαδεδρόμηκεν,   10
ὀππάτεϲϲι δ' οὐδ' ἒν ὄρημμ', ἐπιρρόμ-
βειϲι δ' ἄκουαι,
κὰδ δέ μ' ἴδρωϲ κακχέεται, τρόμοϲ δὲ
παῖϲαν ἄγρει, χλωροτέρα δὲ ποίαϲ
ἔμμι, τεθνάκην δ' ὀλίγω 'πιδεύηϲ   15
φαίνομ' †αι . . .
ἀλλὰ πὰν τόλματον ἐπεὶ †καὶ πένητα . . .

(*b*) Ad Catulli carmen lxvi: Callimachi Coma Berenices (*Callimachus* edidit R. Pfeiffer Oxonii I MCMXLIX fragm. 110—uersus laceros praetermisi nonnullos).

1   πάντα τὸν ἐν γραμμαῖϲιν ἰδὼν ὅρον ἦ τε φέρονται

7   †η με Κόνων ἔβλεψεν ἐν ἠέρι τὸν Βερενίκηϲ
     βόϲτρυχον ὃν κείνη πᾶϲιν ἔθηκε θεοῖϲ

· · · · · · · ·

13/14   [σύμβολον ἐννυχίης . . . ἀεθλοσύνης ?]

. . . .

40   . . . cήν τε κάρην ὤμοσα cόν τε βίον

. . . .

    ἀμνά]μω[ν Θείης ἀργὸς ὑ]περφέρεται,
45   βουπόρος Ἀρcινόης μητρὸς cέο, καὶ διὰ μέ[ccου
    Μηδείων ὀλοαὶ νῆες ἔβηcαν Ἄθω.
    τί πλόκαμοι ῥέξωμεν, ὅτ᾽ οὔρεα τοῖα cιδή[ρῳ
    εἴκουcιν; Χαλύβων ὡς ἀπόλοιτο γένος,
    γειόθεν ἀντέλλοντα, κακὸν φυτόν, οἵ μιν ἔφ[ηναν
50   πρῶτοι καὶ τυπίδων ἔφραcαν ἐργαcίην.
    ἄρτι νεότμητόν με κόμαι ποθέεcκον ἀδε[λφεαί,
    καὶ πρόκατε γνωτὸς Μέμνονος Αἰθίοπος
    ἵετο κυκλώcας βαλιὰ πτερὰ θῆλυς ἀήτης,
    ἵππος ἰοζώνου Λοκρίδος Ἀρcινόης,
55   ἥρπ]αcε δὲ πνοιῇ με, δι᾽ ἠέρα δ᾽ ὑγρὸν ἐνείκας
    Κύπρ]ιδος εἰς κόλπους . . . [ἔθηκε] . . .
    αὐτή μιν Ζεφυρῖτις ἐπὶ χρέος . . .
    . . . Κανωπίτου ναιέτις α[ἰγιαλοῦ.
    ὄφρα δὲ] μὴ νύμφης Μινωίδος ο[. . .
60   . . .]ος ἀνθρώποις μοῦνον ἐπι . . .
    φάεc]ιν ἐν πολέεccιν ἀρίθμιος ἀλλ[ὰ γένωμαι
    καὶ Βερ]ενίκειος καλὸς ἐγὼ πλόκαμ[ος,
    ὕδαcι] λουόμενόν με παρ᾽ ἀθα[νάτους ἀνιόντα
    Κύπρι]ς ἐν ἀρχαίοις ἄστρον [ἔθηκε νέον.

. . . .

75   οὐ τάδε μοι τοccήνδε φέρει χάριν ὅccον ἐκείνης
    ἀ]cχάλλω κορυφῆς οὐκέτι θιξόμεν[ος,
    ἧς ἄπο, παρθενίη μὲν ὅτ᾽ ἦν ἔτι, πολλὰ πέπωκα
    λιτά, γυναικείων δ᾽ οὐκ ἀπέλαυcα μύρων.

. . . .

INDEX NOMINVM